"十二五"国家重点图书出版规划项目

 中国社会科学院创新工程学术出版资助项目

新版《列国志》编辑委员会

列国志

GUIDE TO
THE WORLD
NATIONS

新版

赵少峰

编著

TUVALU

图瓦卢

社会科学文献出版社
SOCIAL SCIENCES ACADEMIC PRESS (CHINA)

图瓦卢国旗

图瓦卢国徽

政府办公楼外景（宋群梁　摄）

丰迦法莱气象服务站（宋群梁　摄）

玛格丽特公主医院外景
（宋群梁 摄）

红十字会（宋群梁 摄）

国家体育场（宋群梁 摄）

富纳富提国际机场（太平洋岛国贸易与投资专员署　供图）

兰仪酒店（宋群梁　摄）

居民房后的雨水收集罐（王飞 摄）

幼儿园（宋群梁 摄）

蔬菜种植（宋群梁 摄）

酋长召集村民时用的大鼓（赵少峰　摄）

木质长矛（赵少峰　摄）

音乐表演时用的鼓（赵少峰　摄）

图瓦卢硬币（宋群梁 摄）

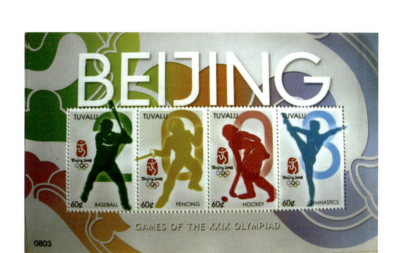

图瓦卢纪念北京奥运会的邮票（宋群梁 摄）

图瓦卢以齐白石作品为题材的邮票（宋群梁 摄）

第二次世界大战时期的战舰（宋群梁　摄）

费特乐舞蹈表演（太平洋岛国贸易与投资专员署　供图）

出版说明

　　《列国志》编撰出版工作自 1999 年正式启动，截至目前，已出版 144 卷，涵盖世界五大洲 163 个国家和国际组织，成为中国出版史上第一套百科全书式的大型国际知识参考书。该套丛书自出版以来，受到社会各界的广泛好评，被誉为"21 世纪的《海国图志》"，中国人了解外部世界的全景式"窗口"。

　　这项凝聚着近千学人、出版人心血与期盼的工程，前后历时十多年，作为此项工作的组织实施者，我们为这皇皇 144 卷《列国志》的出版深感欣慰。与此同时，我们也深刻认识到当今国际形势风云变幻，国家发展日新月异，人们了解世界各国最新动态的需要也更为迫切。鉴于此，为使《列国志》丛书能够不断补充最新资料，更好地服务于社会各界，我们决定启动新版《列国志》编撰出版工作。

　　与已出版的 144 卷《列国志》相比，新版《列国志》无论是形式还是内容都有新的调整。国际组织卷次将单独作为一个系列编撰出版，原来合并出版的国家将独立成书，而之前尚未出版的国家都将增补齐全。新版《列国志》的封面设计、版面设计更加新颖，力求带给读者更好的阅读享受。内容上的调整主要体现在数据的更新、最新情况的增补以及章节设置的变化等方面，目的在于进一步加强该套丛书将基础研究和应用对策研究相结合，将基础研究成果应用于实践的特色。例如，增加了各国有关资源开发、环境治理的内容；特设"社会"一章，介绍各国的国民生活情况、社会管理经验以及存在的社会问题，等等；增设"大事纪年"，方便读者在短时间内熟悉各国的发展线索；增设"索引"，便于读者根据人名、地名、关键词查找所需相关信息。

顺应时代发展的要求，新版《列国志》将以纸质书为基础，全面整合国别国际问题研究资源，构建列国志数据库。这是《列国志》在新时期发展的一个重大突破，由此形成的国别国际问题研究与知识服务平台，必将更好地服务于中央和地方政府部门应对日益繁杂的国际事务的决策需要，促进国别国际问题研究领域的学术交流，拓宽中国民众的国际视野。

新版《列国志》的编撰出版工作得到了各方的支持：国家主管部门高度重视，将其列入"'十二五'国家重点图书出版规划项目"；中国社会科学院将其列为创新工程学术出版资助项目，王伟光院长亲自担任编辑委员会主任，指导相关工作的开展；国内各高校和研究机构鼎力相助，国别国际问题研究领域的知名学者相继加入编辑委员会，提供优质的学术指导。相信在各方的通力合作之下，新版《列国志》必将更上一层楼，以崭新的面貌呈现给读者，在中国改革开放的新征程中更好地发挥其作为"知识向导"、"资政参考"和"文化桥梁"的作用！

新版《列国志》编辑委员会
2013 年 9 月

前　言

　　自 1840 年前后中国被迫开关、步入世界以来，对外国舆地政情的了解即应时而起。还在第一次鸦片战争期间，受林则徐之托，1842 年魏源编辑刊刻了近代中国首部介绍当时世界主要国家舆地政情的大型志书《海国图志》。林、魏之目的是为长期生活在闭关锁国之中、对外部世界知之甚少的国人"睁眼看世界"，提供一部基本的参考资料，尤其是让当时中国的各级统治者知道"天朝上国"之外的天地，学习西方的科学技术，"师夷之长技以制夷"。这部著作，在当时乃至其后相当长一段时间内，产生过巨大影响，对国人了解外部世界起到了积极的作用。

　　自那时起中国认识世界、融入世界的步伐就再也没有停止过。中华人民共和国成立以后，尤其是 1978 年改革开放以来，中国更以主动的自信自强的积极姿态，加速融入世界的步伐。与之相适应，不同时期先后出版过相当数量的不同层次的有关国际问题、列国政情、异域风俗等方面的著作，数量之多，可谓汗牛充栋。它们对时人了解外部世界起到了积极的作用。

　　当今世界，资本与现代科技正以前所未有的速度与广度在国际流动和传播，"全球化"浪潮席卷世界各地，极大地影响着世界历史进程，对中国的发展也产生极其深刻的影响。面临不同以往的"大变局"，中国已经并将继续以更开放的姿态、更快的步伐全面步入世界，迎接时代的挑战。不同的是，我们所面临的已不是林则徐、魏源时代要不要"睁眼看世界"、要不要"开放"的问题，而是在新的历史条件下，在新的世界发展大势下，如何更好地步入世界，如何在融入世界的进程中更好地维护民族国家的主权与独立，积极参与国际事务，为维护世界和平，促进世界与人类共同发展做出贡献。这就要求我们对外部世界有比以往更深切、全面的了解，我们只有更全面、更深入地了解世界，才能在更高的层次上融入世界，也才能在融入世界的进程中不迷失方向，保持自我。

与此时代要求相比，已有的种种有关介绍、论述各国史地政情的著述，无论就规模还是内容来看，已远远不能适应我们了解外部世界的要求。人们期盼有更新、更系统、更权威的著作问世。

中国社会科学院作为国家哲学社会科学的最高研究机构和国际问题综合研究中心，有 11 个专门研究国际问题和外国问题的研究所，学科门类齐全，研究力量雄厚，有能力也有责任担当这一重任。早在 20 世纪 90 年代初，中国社会科学院的领导和中国社会科学出版社就提出编撰"简明国际百科全书"的设想。1993 年 3 月 11 日，时任中国社会科学院院长的胡绳先生在科研局的一份报告上批示："我想，国际片各所可考虑出一套列国志，体例类似几年前出的《简明中国百科全书》，以一国（美、日、英、法等）或几个国家（北欧各国、印支各国）为一册，请考虑可行否。"

中国社会科学院科研局根据胡绳院长的批示，在调查研究的基础上，于 1994 年 2 月 28 日发出《关于编纂〈简明国际百科全书〉和〈列国志〉立项的通报》。《列国志》和《简明国际百科全书》一起被列为中国社会科学院重点项目。按照当时的计划，首先编写《简明国际百科全书》，待这一项目完成后，再着手编写《列国志》。

1998 年，率先完成《简明国际百科全书》有关卷编写任务的研究所开始了《列国志》的编写工作。随后，其他研究所也陆续启动这一项目。为了保证《列国志》这套大型丛书的高质量，科研局和社会科学文献出版社于 1999 年 1 月 27 日召开国际学科片各研究所及世界历史研究所负责人会议，讨论了这套大型丛书的编写大纲及基本要求。根据会议精神，科研局随后印发了《关于〈列国志〉编写工作有关事项的通知》，陆续为启动项目拨付研究经费。

为了加强对《列国志》项目编撰出版工作的组织协调，根据时任中国社会科学院院长的李铁映同志的提议，2002 年 8 月，成立了由分管国际学科片的陈佳贵副院长为主任的《列国志》编辑委员会。编委会成员包括国际片各研究所、科研局、研究生院及社会科学文献出版社等部门的主要领导及有关同志。科研局和社会科学文献出版社组成《列国志》项目工作组，社会科学文献出版社成立了《列国志》工作室。同年，《列国志》项目被批准为中国社会科学院重大课题，新闻出版总署将《列国志》项目列入国家重点图书出版计划。

在《列国志》编辑委员会的领导下，《列国志》各承担单位尤其是各位学者加快了编撰进度。作为一项大型研究项目和大型丛书，编委会对《列国志》提出的基本要求是：资料翔实、准确、最新，文笔流畅，学术性和可读性兼备。《列国志》之所以强调学术性，是因为这套丛书不是一般的"手册""概览"，而是在尽可能吸收前人成果的基础上，体现专家学者们的

图瓦卢

研究所得和个人见解。正因为如此，《列国志》在强调基本要求的同时，本着文责自负的原则，没有对各卷的具体内容及学术观点强行统一。应当指出，参加这一浩繁工程的，除了中国社会科学院的专业科研人员以外，还有院外的一些在该领域颇有研究的专家学者。

现在凝聚着数百位专家学者心血，共计141卷，涵盖了当今世界151个国家和地区以及数十个主要国际组织的《列国志》丛书，将陆续出版与广大读者见面。我们希望这样一套大型丛书，能为各级干部了解、认识当代世界各国及主要国际组织的情况，了解世界发展趋势，把握时代发展脉络，提供有益的帮助；希望它能成为我国外交外事工作者、国际经贸企业及日渐增多的广大出国公民和旅游者走向世界的忠实"向导"，引领其步入更广阔的世界；希望它在帮助中国人民认识世界的同时，也能够架起世界各国人民认识中国的一座"桥梁"，一座中国走向世界、世界走向中国的"桥梁"。

《列国志》编辑委员会
2003 年 6 月

序

于洪君[*]

　　太平洋岛国地处太平洋深处，主要指分布在大洋洲除澳大利亚和新西兰以外的 20 余个国家和地区。太平洋岛国历史悠久，早在公元前 8000 年前就有人类居住。在近代西方入侵之前，太平洋岛国大多处于原始社会时期。随着西方殖民者不断入侵，太平洋岛国相继沦为殖民地。二战结束后，这一区域主要实行托管制，非殖民化运动在各国随即展开。从 1962 年萨摩亚独立至今，该地区已有 14 个国家获得独立，分别是萨摩亚、库克群岛、瑙鲁、汤加、斐济、纽埃、巴布亚新几内亚、所罗门群岛、图瓦卢、基里巴斯、瓦努阿图、马绍尔群岛、密克罗尼西亚联邦和帕劳。

　　太平洋岛国所在区域战略位置重要。西北与东南亚相邻，西连澳大利亚，东靠美洲，向南越过新西兰与南极大陆相望。该区域还连接着太平洋和印度洋，扼守美洲至亚洲的太平洋运输线，占据北半球通往南半球乃至南极的国际海运航线，是东西、南北两大战略通道的交会处。不仅如此，太平洋岛国和地区还拥有 2000 多万平方公里的海洋专属区，海洋资源与矿产资源丰富，盛产铜、镍、

*　原中国驻乌兹别克斯坦大使、原中共中央对外联络部副部长、全国政协外事委员会委员、中国人民争取和平与裁军协会副会长、聊城大学太平洋岛国研究中心名誉主任。

金、铝矾土、铬等金属和稀土，海底蕴藏着丰富的天然气和石油。近年来，该区域已成为世界各大国和新兴国家战略博弈的竞技场。

太平洋岛国也是 21 世纪海上丝绸之路的自然延伸和亚太一体化的重要组成部分。中国同太平洋岛国的传统友谊和文化交往源远流长，早在 19 世纪中期就有华人远涉重洋移居太平洋岛国，参与了这一地区的开发。近年来，中国与太平洋岛国的合作日渐加强，在政治、经济、文化、教育等领域都取得丰硕成果。目前，中国在南太平洋地区拥有最大规模的外交使团。同时，中国在经济上也成为该地区继澳大利亚和美国之后的第三大援助国，并设立了"中国 – 太平洋岛国论坛""中国 – 太平洋岛国经济发展合作论坛"等对话沟通平台。2014 年 11 月，中国国家主席习近平在斐济与太平洋建交岛国领导人举行集体会晤，与会领导人一致决定构建相互尊重、共同发展的战略合作伙伴关系，携手共筑命运共同体，为中国与太平洋岛国关系掀开历史新篇章。

由于太平洋岛国地小人稀，且长期远离国际冲突热点，处于世界事务的边缘，因而在相当长一段时期被视为"太平洋最偏僻的地区"。中国的地区国别研究长时期以来主要聚焦于近邻国家，加之资料有限，人才不足，信息沟通偏弱，对太平洋岛国关注度较低，因此国内学界对此区域总体上了解不多，研究成果比较匮乏。而美、英、澳、新等西方学者因涉足较早，涉猎较广，且有充足的资金与先进的手段作支撑，取得了不菲的成果，但这些成果多出于西方国家的全球战略及本国利益的需要，其立场与观点均带有浓厚的西方色彩，难以完全为我所用。

近年来，随着中国融入世界的步伐不断加快，国际地位显著提高，中国在全球的利益分布日趋广泛。与越来越多的国家和地区进行友好交往并扩大互利合作，是日渐崛起的中国进一步参与全球化进程，开展中国特色大国外交的客观要求，也是包括太平洋岛国在内的国际社会对中国的殷切期待。更全面更深入的地区研究，必将为中国进一步发挥国际影响力，大步走向世界舞台中心提供强有力的支持。2011 年 11 月，教育部向各高校下发《关于培育区域和国别以及国际教育研究基地的通知》和《高等学校哲学社会科学"走出去"计划》，希望建设一批既具有专业优势又能产生重要影响的智囊团和思想库。中共中央政治局委员、国务院副总理刘延东也多次提及国别研究立项和"民间智库"问题，鼓励有条件的大学新设国别研究机构。

在这种形势下，聊城大学审时度势，结合国家战略急需、区域经济社会发展需求及自身条件，在历史文化与旅游学院"南太平洋岛国研究所"的基础上，整合世界史、外国语、国际政治等全校相关学科资源，于 2012 年 9 月成立了"聊城大学太平洋岛国研究中心"。中心聘请中国现代国际关系研究院副院长、中央电视台国际问题顾问、博士生导师李绍先研究员等为兼职教授。著名世界史学家、国家级教学名师王玮教授担任中心首席专家。密克罗尼西亚联邦驻华大使苏赛亚等多位太平洋岛国驻华外交官被聘为中心荣誉学术顾问。在有关各方的大力支持下，中心以太平洋岛国历史与社会形态、对外关系、政情政制、经贸旅游等为研究重点，致力于打造太平洋岛国研究领域具有专业优势和重要影响的国家智库，力图为加强国家和地方与太平洋岛国进行政治、经济、社会、文化等领域的交流与合作，为增进中国和太平洋岛国人民之间的了解和友谊提供智力支撑和学术支持，为国内的太平洋岛国研究提供学术交流与互动的平台。

中心建立以来，已取得一系列可喜成绩。目前中心已建成国内最齐全、数量达 3000 余册的太平洋岛国研究资料中心和数据库，并创建国内首个以太平洋岛国研究为主题的学术网站及微信公众号；定期编印《太平洋岛国研究通讯》，并向国家有关部门提交研究报告；在研省部级以上课题 8 项。2014 年，中心成功举办了国内首届"太平洋岛国研究高层论坛"，该论坛被评为"山东社科论坛十佳研讨会"，与会学者提交的 20 余篇优秀论文被辑为《太平洋岛国的历史与现实》，由山东大学出版社于 2014 年 12 月正式出版。《太平洋学报》2014 年第 11 期刊载了中心研究人员的 12 篇学术论文，澳大利亚《太平洋历史杂志》(*The Journal of Pacific History*) 对中心学者及其研究成果进行了介绍。这表明，太平洋岛国研究中心的研究开始引起国内外学术界的关注。

中心成立伊始，负责人陈德正教授就提出了编撰太平洋岛国丛书的设想，并组织了编撰队伍，由吕桂霞教授拟定了编撰体例，李增洪教授、王作成博士等也做了不少编务工作。在丛书编撰过程中，适逢社会科学文献出版社承担的中国社会科学院创新工程学术出版资助项目、"十二五"国家重点图书出版规划项目——新版《列国志》编撰出版工作启动。考虑到《列国志》丛书所拥有的品牌影响力和社会美誉度，研究中心积极申请参与新版《列国志》编撰出版工作。在社会科学文献出版社谢寿光社长、人文分社宋月华社长的大力支持下，中心人员编撰的太平洋岛国诸卷得以列入新版《列国志》丛书，这给中心以极大的鼓舞和激励。为了使中心人员编撰的太平洋岛国诸卷更加符合新版《列国志》的编撰要求，人文分社总编辑张晓莉女士在编撰体例调整方面给予了诸多帮助。在此一并致谢。

因其特殊的地缘特征，太平洋岛国战略价值的重要性毋庸置疑，同时，在中国建设 21 世纪海上丝绸之路的过程中，作为中国大周边外交格局一分子的太平洋岛国的重要性也不言而喻。新版《列国志》太平洋岛国诸卷的出版，不仅可填补国内在太平洋岛国研究领域的空白，同时也为我国涉外机构、高等院校、科研机构及出境旅行人员提供一套学术性、知识性、实用性、普及性兼顾的有关太平洋岛国的图书。一书在手，即可明了对国人而言充满神秘色彩的太平洋诸岛国的历史、民族、宗教、政治、经济以及外交等基本情况。聊城大学太平洋岛国研究中心也将以新版《列国志》太平洋岛国诸卷的出版为契机，将太平洋岛国研究逐步推向深入。

CONTENTS

目 录

CONTENTS

目 录

CONTENTS

目 录

CONTENTS

目　录

CONTENTS

目 录

CONTENTS
目 录

CONTENTS

目 录

CONTENTS
目 录

第一章
概　览

图瓦卢是位于南太平洋地区的岛国，南靠瓦利斯和富图纳（法）及斐济，北临基里巴斯，西与所罗门群岛相望，东近托克劳（新），在殖民地时代被称作埃利斯群岛（Ellice Islands）。国家由九个珊瑚岛群组成。图瓦卢属热带海洋性气候，最高气温可达40℃，最低气温为22℃，一般年平均气温在26℃～32℃。岛上人民多数信仰基督教。首都富纳富提位于富纳富提环礁东部。按照当地人的习惯，首都所在地为城市，其他地区属于农村。图瓦卢至今依然保存着富有浓郁地方特色的民俗风情。

第一节　国土与人口

一　国土面积

图瓦卢，英文名称为 Tuvalu，在殖民地时代被称为埃利斯群岛。图瓦卢在波利尼西亚语中意为"八岛之群"，"图瓦"是数字8的意思，"卢"为岛屿的意思。该国实际上由九个珊瑚岛群组成，因为在1949年之前，除纽拉基塔岛无人定居以外，其他八个环礁、岛屿都有人居住，故得此名。图瓦卢陆地面积为 26 平方公里[①]，在世界各国中居倒数第四位，仅比梵蒂冈城国（0.44 平方公里）、摩纳哥（1.98 平方公里）、瑙鲁（21 平方公里）稍大。它由三个珊瑚礁岛屿（reef islands）和六个环礁（atolls）组成。三个珊瑚礁岛屿是纳努芒阿岛、纽拉基塔岛、纽陶岛；六个环礁分别为纳诺梅阿环礁、努伊环礁、瓦伊图普环礁、努库费陶环礁、富纳富提环礁、努库莱莱环礁。全国平均海拔只有 3 米，最高海拔仅有 4.6 米。图瓦卢各环礁、岛屿面积见表 1 - 1。

表 1 - 1　图瓦卢各环礁、岛屿面积一览

环礁、岛屿名称	陆地面积（平方公里）
纳诺梅阿环礁 Nanumea	3.61
纽陶岛 Niutao	2.26
纳努芒阿岛 Nanumanga	3.10
努伊环礁 Nui	3.37
瓦伊图普环礁 Vaitupu	5.09
努库费陶环礁 Nukufetau	3.07
富纳富提环礁 Funafuti	2.54
努库莱莱环礁 Nukulaelae	1.66
纽拉基塔岛 Niulakita	0.41

二　地理位置

图瓦卢是西南太平洋的一个岛国，南靠瓦利斯和富图纳（法）

[①] 图瓦卢独立后公布的陆地面积为 26 平方公里，但是伴随着海平面的上升，陆地受到海水侵蚀比较严重，面积逐渐减少，2013 年公布的数据为 25.11 平方公里。由于图瓦卢属于小国，一些国际组织、机构没有及时更新数据，陆地面积依然采用 26 平方公里。参见 http://alofatuvalu.tv。

及斐济，北临基里巴斯，西与所罗门群岛相望，东近托克劳（新），位于南纬5°39′～10°45′、东经176°09′～179°51′，在国际日期变更线西侧。南北两端相距560公里，由西北向东南绵延散布在约130万平方公里的海域，拥有90万平方公里专属经济区（EEZ）。海岸线长24公里，领海面积75万平方公里。

三 地形与气候

1. 珊瑚虫与珊瑚礁

长期以来，太平洋中南部的海水温度一般在17℃以上，那里是最适宜珊瑚旺盛生长的地区。珊瑚虫构筑了环礁、岩礁、珊瑚礁，这成为太平洋中部和南部的显著特征。珊瑚虫在干净、温暖的海水中生长，通过分泌碳酸钙使自己附着在岩石表面。这些硬化的礁灰岩，保护着软体珊瑚虫，它们的外表极为坚硬，能够破坏钢壳轮船的底部。珊瑚虫还能形成屏障式群礁，影响交通。

2. 地形

图瓦卢的珊瑚礁岛屿具有两个明显的特征：其一，岛屿狭长，呈圆形、半月形、方形、弓形，中间有一个或大或小的潟湖①。其二，岛上无山无河，一马平川，海拔非常低，土质为石灰岩，并多珊瑚岩沙砾，地表的水分极易渗透到地下。土地十分贫瘠，无储水区，不适合种植农作物。图瓦卢非常容易受到环境问题的影响，诸如海岸侵蚀、海平面升高等。由于海岸经常遭受海水侵蚀，国土面

---

① 潟湖是被沙嘴、沙坝或珊瑚分割而与外海相分离的局部海水水域。潟湖分为海岸类、珊瑚类、淡化类、咸化类。珊瑚潟湖由环状珊瑚礁环绕或由坝状珊瑚礁相隔而成，水域呈圆形或不规则形状。海岸潟湖分布广，多形成于潮差较小、波浪能量较低、有丰富沉积物的滨岸坝之处。珊瑚潟湖的分布局限于具备珊瑚生长条件的热带开阔海域，主要见于赤道南北纬25°以内。图瓦卢环礁岛内均有潟湖。

积有减无增。

3. 气候

图瓦卢属热带海洋性气候，年平均降水量为 2500 ~ 3500 毫米。每年 3 月至 10 月为东南信风季节，天气较凉；11 月至次年 2 月为狂风暴雨季节，经常发生飓风或强风。图瓦卢受厄尔尼诺现象和拉尼娜现象影响很大①，厄尔尼诺现象使该国遭受热带风暴和飓风的频率增大，而拉尼娜现象则会使该国受到干旱的影响。通常图瓦卢月均降水量为 200 ~ 400 毫米。然而，在 2011 年，由于周围海表面冷却，图瓦卢受弱拉尼娜现象影响，出现了严重干旱，直到 2012 年 5 月弱拉尼娜现象才停止。这次干旱给图瓦卢人民的日常生产生活带来了灾难，在澳大利亚、新西兰、斐济、美国、日本以及国际组织的帮助下，图瓦卢人民才得以渡过难关。由于全球气温不断升高，图瓦卢将会面临更加严峻的环境挑战。在不受极端气候影响时，图瓦卢一年四季温暖、湿润。2014 年图瓦卢气温、降水情况见表 1 - 2。

表 1 - 2　2014 年图瓦卢气温、降水变化一览

月份	1 月	2 月	3 月	4 月	5 月	6 月	7 月	8 月	9 月	10 月	11 月	12 月	年平均
平均最高气温（℃）	31	30	30	31	31	30	30	30	30	31	31	31	30.5
平均最低气温（℃）	27	27	27	27	28	27	27	27	27	27	27	27	27.1
平均降水量（毫米）	389	353	315	250	236	236	264	249	231	267	277	394	288

———————————

① 厄尔尼诺现象又称厄尔尼诺海流，是太平洋赤道带大范围内海洋和大气相互作用后失去平衡而产生的一种气候现象，主要表现为赤道东太平洋海水温度大范围、长时间、不间断地异常增温。拉尼娜现象是指赤道太平洋东部和中部海面温度持续异常偏冷的现象，与厄尔尼诺现象正好相反，是热带海洋和大气共同作用的产物。

四 行政区划

在图瓦卢九个环礁和岛屿中，瓦伊图普环礁面积最大，富纳富提环礁村庄最多、人口最为密集，全国小岛（islet）总数超过 120 个。图瓦卢各环礁、岛屿情况见表 1－3。

表 1－3 图瓦卢各环礁、岛屿情况一览

名称	主要村庄	小岛数目（个）	村庄数目（个）	地理坐标
富纳富提环礁	Vaiaku	30	9	8°31′S 179°13′E
纳诺梅阿环礁	Nanumea	5	2	05°39′S 176°09′E
努伊环礁	Tanrake	21	4	07°13′29″S 177°09′37″E
努库费陶环礁	Savave	33	2	08°00′S 178°22′E
努库莱莱环礁	Fangaua	15	2	09°22′52″S 179°51′08″E
瓦伊图普环礁	Asau	9	7	07°28′S 178°41′E
纳努芒阿岛	Tonga	5	2	06°20′S 176°25′E
纽拉基塔岛	Niulakita	1	1	10°45′S 179°30′E
纽陶岛	Kulia	4	2	06°06′S 177°16′E

每个岛上都有地方政府组织。纳努芒阿岛、纽拉基塔岛、纽陶岛上的地方政府只管理一个岛屿，因为它们是由单一岛屿组成的。纳诺梅阿环礁、努伊环礁、瓦伊图普环礁、努库费陶环礁、富纳富提环礁、努库莱莱环礁的地方政府要管理多个岛屿，因为它们由多个岛屿组成。

1. 富纳富提环礁

富纳富提环礁是图瓦卢首都所在地，略呈瓢形，东部各珊瑚礁岛多数相连成串，西部许多珊瑚礁岛孤立存在。该环礁上有图瓦卢唯一的机场和港口，首府为丰迦法莱（Fongafale）。

2. 纳诺梅阿环礁

纳诺梅阿环礁位于基里巴斯以南，在国际日期变更线以西约600公里、首都富纳富提西北约455公里处，属于波利尼西亚群岛三角的西缘。纳诺梅阿环礁是一个典型的环礁，呈新月形，珊瑚礁内有潟湖，潟湖宽2.5公里，首府为洛卢阿（Lolua）。该环礁上有2个村庄，居民为波利尼西亚人，主要生活在纳诺梅阿环礁西北端。

3. 纳努芒阿岛①

纳努芒阿岛位于纳诺梅阿环礁的南侧、努伊环礁的北侧，有3个潟湖，规模最大的是瓦亚托阿湖（Vaiatoa），湖中有4个岛屿。该岛地势平坦，有红树林，植被干燥。该岛呈椭圆形，南北较长，东西较短。岸礁环绕着整个岛屿，这使当地渔业发展缓慢。受此影响，人们进出岛十分困难。在该岛的西部海岸，有汤加（Tonga）和托克劳（Tokelau）2个村庄，2012年岛上人口为481人。岛上主要盛产椰子。首府是汤加。1824年5月，法国一个政府探险队发现了纳努芒阿岛。1860～1900年，纳努芒阿岛的人口总数在300～335人。纳努芒阿岛邮局成立于1925年。1986年，纳努芒阿岛海底火洞穴的发现，使其成为太平洋考古学家讨论的话题，考古学家争论的焦点是海底使用火的痕迹是否为先民们所为。岛上有一所小学，有进出岛屿的道路。2014年3月3日，经过竞选，来自纳努芒阿岛的塔乌希（Otinielu Tauteleimalae Tausi）当选为图瓦卢议会议长。

---

① 纳努芒阿岛有时也翻译为纳努曼加岛。

4. 纽陶岛

纽陶岛位于纳诺梅阿环礁的东南方、纳努芒阿岛的东北方，岛上植被丰富，有两个湖泊，还有大坝、社区会堂、小学、医院、教堂，拥有邮局和三口水窖，首府为库利亚（Kulia）。在 19 世纪早期，纽陶岛的人口大约为 450 人，在 1967 年达到了 700 多人。由于人口过于稠密，很多人迁移到了纽拉基塔岛。2002 年，该岛人口为 650 人左右。1781 年 5 月 5 日，弗朗西斯科·莫雷莱·德·拉鲁阿（Francisco Mourelle de la Rúa）驾船驶过纽陶岛。1825 年，美国奥贝德公司捕鲸船来到纽陶岛，将其命名为洛珀岛（Loper Island）。1915 年，纽陶岛上开始兴建教堂，1919 年落成。1918 年，纽陶岛上的邮局开始营业。社区会堂兴建于 1919 年，1959 年进行翻修。纽陶岛的小学兴建于 1951 年，1953 年开始招生，第一年招收学生 40 人。1961 年，德国人类学家格尔德·科赫（Gerd Koch）到达了纽陶岛，记录下了岛上的音乐和岛民的生活方式。居民主要集中在西南部的 2 个村庄。当地居民的主要食物是芋头、面包果、椰子。2012 年，岛上人口为 606 人。

5. 努伊环礁

努伊环礁位于纽陶岛的西南方、瓦伊图普环礁的西北方，由 21 个小岛组成，大多数人居住在努伊环礁西端的塔普村，定居点为塔普和坦拉凯（Tanrake），其中坦拉凯为该环礁的首府。努伊环礁上有小学、初中。努伊环礁人使用基里巴斯语和图瓦卢语，图瓦卢语为当地官方语言。努伊环礁居民的祖先来自萨摩亚和基里巴斯。努伊环礁的传统文化与其他岛屿文化不同。1860～1890 年，努伊环礁的人口在 250～300 人。1919 年，努伊环礁上的邮局开始营业。1882 年 2 月 16 日，海啸袭击了这里。因此每年的这一天，

努伊环礁上都会举行纪念活动。图瓦卢第十任总督依塔雷里（Iakoba Taeia Italeli）来自努伊环礁。

6. 瓦伊图普环礁

瓦伊图普的含义是"喷泉"，瓦伊图普环礁是图瓦卢最大的环礁，包括9个小岛，陆地面积为5.6平方公里，2012年人口为1558人。环礁上有沼泽、红树林、珊瑚礁、一个大型潟湖，拥有小学、中学、教堂、渔业养殖场、宾馆、邮局、医院，首府为阿萨乌（Asau）。瓦伊图普环礁的最早定居者到来的时间无法准确判定。在13世纪中期，汤加人来到这里。瓦伊图普环礁居民和汤加人或者通过联姻实现和平，或者因汤加的掠夺处于敌对状态。在16~17世纪，萨摩亚人也到达这里。1825年，一艘来自南塔基特岛的捕鲸船洛珀号（Loper）访问了该环礁。1841年，美国探险队到达了该环礁。19世纪60年代，来自萨摩亚的传教使团成功地将基督教和萨摩亚语传播到瓦伊图普环礁。因为《圣经》是用萨摩亚语撰写的，瓦伊图普环礁有文化的人逐渐使用萨摩亚语。1860~1900年，瓦伊图普环礁的人口在400人左右。1916年，瓦伊图普环礁邮局开始营业。瓦伊图普环礁的人口数量居九个环礁和岛屿的第二位。由于人口众多，在20世纪40年代，有一批人迁移到斐济的科亚岛（Kioa Island）。1990年1月30日和2月1日，台风袭击了该环礁，大约85%的房屋、树木和庄稼被摧毁。乘坐私人船只或者政府提供的公共船只，从富纳富提环礁出发8个小时即可到达该环礁。但是，返程的船舶日期是不确定的。瓦伊图普环礁有码头，但是没有海港，因而乘坐国有航船时必须换乘小船才可以上岸。该环礁上有路，但是没有经过修整，仅有几辆车，村庄里有旅馆。来自该环礁的菲洛伊梅阿·特利托

（Filoimea Telito）担任过图瓦卢第八任总督，耶雷米亚（Apisai Ielemia）担任过第十一任政府总理。

　　7. 努库费陶环礁

　　努库费陶环礁是最接近富纳富提环礁的外部环礁，这里有图瓦卢第二大潟湖，穿过环礁，大的船只可以进入潟湖停泊。努库费陶环礁有 2 个村庄，2012 年人口为 536 人，大部分人居住在努库费陶环礁的首府萨瓦维（Savave）。萨瓦维岛上有医院、教堂、运动场、小学和邮局等。该环礁由 33 个小岛组成，其中莫图拉洛岛上只有一户居民居住。1856 年，美国根据《鸟粪岛法案》 （The Guano Islands Act），宣称对该环礁拥有所有权。1979 年，图瓦卢与美国签订了友好条约，该条约于 1983 年生效。根据新条约，美国宣布放弃对努库费陶环礁的所有权。根据努库费陶环礁的历史记载，汤加人最早来到这里。1819 年，美国人佩斯特发现了该环礁。1820 年，俄国探险家米哈伊尔·拉扎列夫（Mikhail Lazarev）到达了该环礁。1841 年，美国探险队登上了该环礁。1881 年 2 月，贝克（Louis Becke）访问了努库费陶环礁，撰写完成了《努库费陶的渔夫》（*The Fisher Folk of Nukufetau*）一书。1900 年，努库费陶环礁的人口大约为 250 人。第二次世界大战期间，美国海军在其中一个小岛上修建了机场和深水码头。二战结束以后，美国军队撤离了这里。由于修路和建造机场，大量的土地被挖掘。所以，这里的土地已经非常贫瘠，不适宜种植作物。第九任政府总理萨乌法图·索波阿加（Saufatu Sopoanga）来自该环礁。

　　8. 努库莱莱环礁

　　努库莱莱环礁位于富纳富提环礁的东南方，由 15 个小岛组成，是一个椭圆形的珊瑚礁。2012 年，环礁上人口为 324 人，主要集中在 2 个村庄。首府为芳加瓦（Fangaua），位于努库莱莱环礁最东端的纽可奥岛（Niuoko），这也是图瓦卢的最东端。努库莱莱环礁长 1.5 公里，宽 50～200 米，有保育区、小学、教堂、邮局等。努库莱莱的意思是"由沙子组成的岛"。欧洲人是该环礁的最早发现者，但是由于该环礁上没有树木，他们并没有登岸。来自瓦伊图普环礁的瓦罗阿（Valoa）在捕鱼时发现了该环礁，他和家人来到这里，登岸后种植了树木并最终定居下来。从 1821 年起，陆续有外国人访问该环礁。1861 年，基督教传播到图瓦卢。传教士最先选择在努库莱莱环礁传播基督教。1860 年，该环礁的人口大约为 300 人。1862～1863 年，罪恶的奴隶贸易在这里肆虐，环礁上的人被骗到秘鲁挖鸟粪。奴隶贩子从这里骗走了大约 200 人，环礁上剩余人口不到 100 人。1865 年，一个贸易首领获得了德国一家公司的代理权，在这里从事了 25 年的贸易代理，包括劳动力出口。1923 年，环礁上的邮局开始营业。同样，根据《鸟粪岛法案》，美国宣布对该环礁拥有所有权，直至 1983 年该环礁才回归图瓦卢。努库莱莱环礁只拥有图瓦卢议会的一个席位。比肯尼比尤·佩纽（Bikenibeu Paeniu）是该环礁的知名人物，曾经担任两届政府总理。

9. 纽拉基塔岛

纽拉基塔岛是图瓦卢最南端的一个岛屿，纽拉基塔村也是该岛上唯一的村庄，岛上有四个湖泊，岛上海拔最高点为 4.6 米，是图瓦卢的海拔最高点。该岛呈椭圆形，从东到西大约有 1 公里。纽拉基塔岛居民非常少，2002 年有 35 人，2012 年为 27 人，基本来自纽陶岛。岛上有一所小学。由于人口太少，图瓦卢议会中没有纽拉基塔岛的议员名额，由纽陶岛议员代为表达纽拉基塔岛居民的一些利益诉求。岛的周边都是裙礁，使得人们进出岛非常困难。1595 年，纽拉基塔岛被西班牙的航海家首次发现。1879 年，瓦伊图普环礁的首领对纽拉基塔岛产生兴趣，派一些人来到岛上，种植了椰子树。1856 年，美国根据《鸟粪岛法案》宣布对该岛拥有所有权。1944 年，该岛被英国买走。直到 1949 年，该岛都无常住民。由于纽陶岛人口过于稠密，逐渐有人移居到纽拉基塔岛上。

　　图瓦卢各环礁、岛屿之间距离比较远，交通不便，所以各环礁、岛屿之间平常联系较少，图瓦卢大部分的人口集中在富纳富提环礁。图瓦卢各环礁、岛屿之间的距离见表 1－4。

表 1－4　图瓦卢各环礁、岛屿之间的距离一览

单位：公里

	富纳富提环礁	纳努芒阿岛	纳诺梅阿环礁	纽陶岛	努伊环礁	努库费陶环礁	努库莱莱环礁	纽拉基塔岛	瓦伊图普环礁
富纳富提环礁	0	650	755	550	430	180	190	385	215
纳努芒阿岛	650	0	125	245	220	475	880	965	560
纳诺梅阿环礁	755	125	0	230	555	575	950	1070	560
纽陶岛	550	245	230	0	200	385	585	910	325
努伊环礁	430	220	555	200	0	255	615	740	270
努库费陶环礁	180	475	575	385	255	0	390	525	115
努库莱莱环礁	190	880	950	585	615	390	0	245	405

续表

	富纳富提环礁	纳努芒阿岛	纳诺梅阿环礁	纽陶岛	努伊环礁	努库费陶环礁	努库莱莱环礁	纽拉基塔岛	瓦伊图普环礁
纽拉基塔岛	385	965	1070	910	740	525	245	0	595
瓦伊图普环礁	215	560	560	325	270	115	405	595	0

资料来源：http：//alofatuvalu. tv/page_ cadres_ us. html。

五 民族、人口、语言

1. 民族

在图瓦卢，波利尼西亚人约占全国总人口的96%，其余的为密克罗尼西亚人。波利尼西亚人属南方蒙古人种和澳大利亚人种的混合类型，身材中等偏高，皮肤为浅褐色，体毛较少，头发为宽幅波状黑发，面部宽大，颌骨突出。波利尼西亚人使用多种语言和方言，与毛利人、萨摩亚人、汤加人、夏威夷人、塔希提人、托克劳人、库克群岛人、瓦利斯人、纽埃人、复活节岛人等十多个支系同属一族。从考古发现和人类学研究成果来看，在体形、鼻子、皮肤、头发、血型、传统习惯、宗教以及部落组织等诸多方面，波利尼西亚人与北美洲西北部太平洋沿岸地区的印第安人非常接近，关系密切。

在美拉尼西亚、波利尼西亚、密克罗尼西亚三大群岛中，波利尼西亚群岛范围最大，它北起夏威夷群岛，南至新西兰，东至复活节岛，占据着太平洋中部辽阔的海域。早在轮船自由航行于大洋之前，这些岛屿上就有土著民族居住。居住在波利尼西亚群岛上的

80 万名土著人被称为波利尼西亚人。其实，波利尼西亚人的祖先也是从其他地方迁移来的。因为在这些岛屿上没有发现远古人类生存或活动的痕迹。至于波利尼西亚人来自何处，学界尚未形成一致认识。

波利尼西亚人的"文化"共性特征包括：公社的生活方式；社会层级、亲缘关系、继承制度；相信"神祇"的存在，以此指导人的实践；脸上、身上文有象征性的标识；具有历史悠久的航海传统；采用独特技艺制作的石器。"波利尼西亚大三角"占据了太平洋的一大片区域，图瓦卢构成了波利尼西亚文化的西部边界。

2. 人口

2002 年，图瓦卢人口普查结果显示，图瓦卢实际人口为 9561 人（其中 9359 人为固定居民）。该国人口按照 1.7% 的平均年增长率从 1979 年的 7350 人增加到 1991 年的 9043 人。但是，从 1992 年到 2002 年，人口增长速度减缓，每年为 0.5% 左右。到海外工作（特别是到新西兰、澳大利亚打工）和学习的人数的增加，影响了人口增长率。图瓦卢国家统计局公布的 2011 年人口数量为 11207 人，其中男性 5582 人，女性 5625 人[①]。

根据图瓦卢 2002 年的人口调查，富纳富提环礁人口数量占全国总人口的 47%，与 1991 年的 42% 相比有所上升。1978 年，图瓦卢独立时富纳富提环礁人口仅占全国人口的 29%。富纳富提环礁本土人口不到环礁常住人口的 1/4，环礁大多数人是从外岛（农村）迁移来的。人口流向首都会产生严重的人口压力问

---

① http：//www.spc.int/prism/tuvalu/.

题。例如，富纳富提环礁人口过多，人口密度不断增大。1978年图瓦卢独立时，富纳富提环礁的人口密度仅为760人/平方公里，1991年为1375人/平方公里，2001年为1610人/平方公里，2012年约为1700人/平方公里。人口过度集中，导致出现严重的社会问题，例如住房紧张、废物处理困难、供水不足等。富纳富提环礁本土的土地所有者和外来土地所有者之间产生了越来越多的土地纠纷。

2012年统计数据显示，5～19岁女性人口的比例低于男性，20～64岁女性人口比例高于男性。这种不平衡的主要原因在于人口流动是有选择性的，流动到海外的成年男性所占比例较高。2012年人口统计表明，图瓦卢人口呈现年轻化趋势，0～14岁和15～24岁的人口较多（见图1-1）；15～59岁的人口占全国人口的一半以上，这一年龄段的人口能够从事经济活动。需要抚养的年轻人口比例有所增加，而需要赡养的老年人口数量不断减少。2013年，图瓦卢女性平均寿命为66.9岁，男性为62.7岁。

随着图瓦卢人口的外流，一些国家形成了越来越多的图瓦卢社区，主要位于澳大利亚、新西兰和基里巴斯。澳大利亚和新西兰每年都为图瓦卢提供一些工作签证和其他便利措施，图瓦卢前往两国工作和移民的人数增多。2000年以来，新西兰和澳大利亚成为图瓦卢移民或季节性工作的首要选择目的地。2001年以来，新西兰每年给予图瓦卢75个工作许可年度配额，主要标准是主申请人必须拥有从新西兰雇主那里获得的工作机会。另外，2007年以来，图瓦卢人在新西兰也有季节性就业，在政府认可的情况下，图瓦卢人可以在新西兰从事园艺和葡萄栽培方面的工作。同

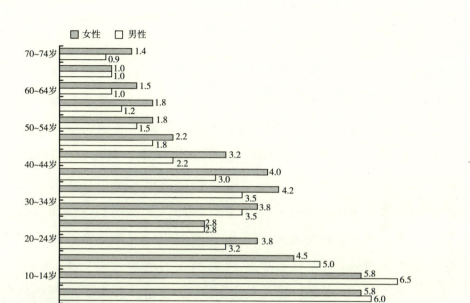

图1-1 2012年图瓦卢人口结构情况

样，澳大利亚也为图瓦卢及太平洋岛国的居民提供了季节性工作的机会①。

基里巴斯位于图瓦卢的北方，相较于澳大利亚和新西兰，基里巴斯与图瓦卢的距离要近一些。在殖民统治时期，两国共同属于吉尔伯特和埃利斯群岛殖民地。因此，部分居民选择前往基里巴斯寻找工作。除了以上三国，从1947年到1983年，图瓦卢瓦伊图普环礁的一部分人迁移到斐济的科亚岛上。2005年，科亚岛上的移民

① "The Seasonal Worker Program", Department of Education, Employment and Workplace Relations (Australia), 1 July, 2012. Archived from the original on 15 August, 2012. Retrieved 9 September, 2012.

被授予斐济公民身份。

3. 语言

图瓦卢有三个不同的语言区域。第一个语言区域包括纳诺梅阿环礁、纽陶岛、纳努芒阿岛；第二个语言区域是努伊环礁，这个地区的语言是从基里巴斯语派生出来的；第三个语言区域包括瓦伊图普环礁、努库费陶环礁、富纳富提环礁、努库莱莱环礁。现在，图瓦卢人既使用图瓦卢语，也使用英语。努伊环礁的居民还使用基里巴斯语。图瓦卢语属于波利尼西亚语埃利斯集团，与其他波利尼西亚语的分支夏威夷语、汤加语、萨摩亚语、新西兰的毛利语（Māori）以及法属波利尼西亚的塔希提语（Tahitian）相差较大。[①] 与它最密切相关的是波利尼西亚、密克罗尼西亚以及美拉尼西亚北部和中部的语言。图瓦卢语中有萨摩亚语的元素，因为 19 世纪末 20 世纪初期的传教士是从萨摩亚过来的，萨摩亚语对图瓦卢语产生过重要影响。全世界约有 13000 人使用图瓦卢语。虽然图瓦卢的官方语言为英语，但是图瓦卢公民在日常生活中很少使用英语，议会和政府机构使用的语言也依然是图瓦卢语。

六　国旗、国徽、国歌

1. 国旗

国旗是一个国家的标志，国旗的设计理念在一定程度上蕴含着

---

① 塔希提语有时也翻译为大溪地语，塔希提语属于南岛语系印度尼西亚语族波利尼西亚语支，主要分布在南太平洋、法属波利尼西亚，与其比较相似的语言有台湾的泰雅语（属于高山语支）、爪哇语（印尼语支）、夏威夷语（波利尼西亚语支）等。塔希提语语音系统非常简单，辅音有清音与浊音的对立，元音较少，复合元音少见。

一个国家的政治理念。图瓦卢国旗呈长方形，长宽比为 2∶1。旗底为浅蓝色，象征海洋和蓝天；左上角为英国国旗图案，象征图瓦卢和英国的传统关系；右侧绘有九颗黄色五角星，象征图瓦卢的九个环形珊瑚岛群。

图瓦卢的第一面国旗是在 1978 年 10 月 1 日升起的[①]，由纳塔诺（Vione Natano）设计。纳塔诺是从图瓦卢全国旗帜设计大赛中脱颖而出的精英选手。图瓦卢国旗上的九颗五角星代表图瓦卢的九个珊瑚岛群。

随着政局的更替，图瓦卢的国旗经过多次设计和改版。1995年 10 月，重新设计的国旗开始使用，国旗上的五角星从九颗减为八颗，这是为了与国家的名字含义（"八岛之群"）相符合。但是，这一国旗使用的时间很短暂。

20 世纪 80 年代末，图瓦卢开始讨论是否将英联邦的"米"字标志从国旗上去除，第四任总理卡穆塔·拉塔西（Kamuta Latasi）对国旗进行了改革。1996 年 1 月 1 日，图瓦卢使用了新的国旗。新国旗是由帕尼斯（Filemoni Panisi）结合国徽设计的，设计理念是要摆脱英国殖民统治时代的影子。与上次国旗改革一样，新国旗使用时间并不长，伴随着总理卡穆塔·拉塔西被选民投了不信任票，新设计的国旗也不再使用。

1997 年 4 月 11 日，第五任总理比肯尼比尤·佩纽又推出了九星国旗，佩纽当选后对人民说："希望国民把国旗放在首位，新的国旗标志不是个别人的想法。这是我们对民族祖先的尊重。国旗是我们的象征，团结的象征。"图瓦卢国旗演变情况见图 1-2。

---

① http：//www. tuvaluislands. com/flags. htm.

1978年10月1日至1995年9月30日的国旗

1995年10月1日~12月31日的国旗

1996年1月1日~1997年4月10日

1997年4月11日至今

图1－2　图瓦卢国旗的演变

2. 国徽

图瓦卢的国徽呈盾形，设计于 1976 年 12 月 3 日。中心图案是以蓝天为背景的一幢当地名叫"马纳拜"的房屋①。盾面上还绘有深蓝色和金黄色相间的波纹，象征海洋，表示图瓦卢是一个岛国。盾徽四周有一条金色宽边，宽边上绘有八片绿色香蕉叶和八只贝壳，象征"八岛之群"土地肥沃②。盾徽基部绘有一条绶带，绶带上用图瓦卢文书写着"图瓦卢属于上帝"。

①　这座房屋是当地部族集会的传统场所。
②　图瓦卢国徽设计蕴含着传统理念，纽拉基塔岛没有被包含在内。

3. 国歌

图瓦卢的国歌是《图瓦卢属于上帝》（*Tuvalu Mo Te Atua*），词曲作者是阿法塞·曼诺亚。歌词大意：

"图瓦卢属于上帝"，这是我们最珍爱的词句。无论图瓦卢的人民或领袖，都认为统治世界的是上帝。所以我们在这片土地，是在他的爱心下团结一起。当我们笃信上帝的旨意，我们便建成可靠的基地。

"图瓦卢属于上帝"，是我们永远高唱的歌曲！今后让我们把生命托寄，我们所祈求的上帝，我们的目光不要游移，他在指引我们达到目的。"愿我们在他光辉下治理"，是我们永远高唱的歌曲！他的无比神力，使我们的力量生生不息。向着我们敬仰的上帝，在庆典上欢呼不已。"图瓦卢自由和团结紧密"，是我们永远高唱的歌曲！

第二节　宗教与民俗

一　宗教

1. 基督教

宗教在图瓦卢人生活中发挥着重要作用，基督教的传播，使图瓦卢的传统文化发生了变化。图瓦卢基督教公理会（Congregational Christian Church of Tuvalu）是图瓦卢的国家教会，它的追随者占全国人口的92%。作为事实上的国教，基督教主导国家社会、文化和

政治等多方面。富纳富提环礁建有一所教会学校、四间教堂及八个社区聚会所（community hall），维系图瓦卢人的宗教信仰与家庭信仰。由于各岛都有人移居到富纳富提环礁上生活，聚会所具有维系岛民感情及作为平时聚会场所的重要作用。其余各外部岛屿各有一个聚会所，努伊环礁和纽拉基塔岛则因人数较少，共同设置一所聚会所。

1861年，基督教传播到图瓦卢。从马尼希基岛（Manihiki）来的伦敦会传教士艾莱卡纳（Elekana）是公理会的新教执事，曾受教于萨摩亚传教士建立的学校，并在库克群岛停留传教，偶然间驾轻舟漂浮到了努库莱莱环礁，此后在图瓦卢传教，建立了教会。1865年，默雷从萨摩亚来到图瓦卢，在各岛上安排了萨摩亚牧师传教，大量的图瓦卢人也成为基督教徒。图瓦卢居民接受了新的信仰，抛弃了生活中与教会要求不一致的行为。图瓦卢居民大部分信仰基督教。基督教的宗教规定和道德规范约束了人们的行为，影响了家庭结构和婚姻行为，确定了两性关系。

19世纪末20世纪初，主管图瓦卢教会的是在教会占据主导地位的萨摩亚人，他们在很大程度上影响了图瓦卢的语言和音乐。20世纪末，图瓦卢政府部门人员也都是基督教信徒，图瓦卢第八任总督菲洛伊梅阿·特利托爵士辞职后，一直在教会工作，直到2011年7月去世。图瓦卢教会公告使用图瓦卢语和英语。

图瓦卢基督教教会与在萨摩亚的公理会教会有历史性的联系，并有众多追随者。图瓦卢各环礁、岛屿都有传统首领，这些首领也都是教会成员。其他宗教和教派的首领大多居住在富纳富提环礁上，巴哈伊信仰（Bahá'í Faith）的首领①居住在纳诺梅阿环礁上。

基督教教会是图瓦卢最有影响的机构，妇女极少能在教会中任职。尽管她们完成了学业并从神学院毕业，但是妇女不会被任命为牧师，这反映出教会领导人对妇女的传统认识和看法。随着一些妇女被任命为非神职布道者和教会执事，情况也在发生着变化。

图瓦卢主要教派及其信徒比例见表 1 - 5。

表 1 - 5　图瓦卢主要教派及其信徒比例 *

教派	信徒占全国人口比例（%）
基督教会	91
基督复临安息日会	1.4
巴哈伊信仰	1
耶和华见证会	2
天主教会	1

资料来源：*International Religious Freedom Report 2012*：*Tuvalu*，United States Bureau of Democracy, Human Rights and Labor（May 20, 2013）。

2. 其他教派

图瓦卢也有少量的穆斯林以及浸信会、耶稣基督后期圣徒教会（摩门教）信徒和无神论者。图瓦卢弟兄会（Tuvalu Brethren Church）是一个富有魅力的新教团体，2014 年约有 500 名信徒。②艾哈迈迪亚穆斯林团体（Ahmadiyya Muslim Community）拥有 400 名信徒。

---

① 巴哈伊信仰创立于 19 世纪中期，今天已跻身于最快速发展的世界性宗教信仰之列。在世界各地拥有 500 多万名信徒，信徒分布广泛，仅次于基督教。

② 这一说法并没有在官方文件中得到印证。

图瓦卢宪法规定公民享有宗教信仰自由的权利，政府普遍尊重这种权利。当然，一些教派之间或教派内部也会发生争执和冲突。例如，在纳努芒阿岛上，图瓦卢弟兄会成员之间存在暴力行为和暴力威胁，导致一些信徒搬到富纳富提环礁上，更有甚者诉讼到上诉法院。

二　节　日

1. 全国节日

在很长一段时间内，图瓦卢为英国的殖民地。独立后，该国仍然属于英联邦成员国，国家元首是英国女王，国教为基督教，因此，该国节日传统深受西方和基督教的影响。主要的法定节日有：

新年（New Year's Day），每年1月1日；

英国联邦日（Commonwealth Day），每年3月第二个星期一；

耶稣受难日（Good Friday），复活节前的星期五；

复活节（Easter），春分月圆后的第一个星期日；

复活节星期一（Easter Monday），复活节翌日的星期一；

福音日（Gospel Day），每年5月第三个星期一；

伊丽莎白女王的生日（Queen's Official Birthday），每年6月第二个星期六；

全国儿童节（National Children's Day），每年8月第一个星期一；

图瓦卢国庆日（Tuvalu Day），每年10月1日；

威尔斯亲王生日（Heir to the Throne's Birthday），每年11月第二个星期一；

圣诞节（Christmas Day），每年 12 月 25 日；

节礼日（Boxing Day），每年 12 月 26 日。

2. 地方节日

在图瓦卢，除了法定节假日以外，还有地方节日，这些节日具有地方特色。例如，纳诺梅阿环礁每年 1 月 8 日举行庆祝活动；努库费陶环礁每年 2 月 11 日举行庆祝活动；努伊环礁每年 2 月 16 日举行庆祝活动；纳努芒阿岛每年 4 月 15 日举行庆祝活动；努库莱莱环礁每年 5 月 10 日举行庆祝活动；纽陶岛每年 9 月 17 日举行庆祝活动；富纳富提环礁每年 10 月 21 日举行庆祝活动；瓦伊图普环礁每年 11 月 25 日举行庆祝活动。[①]

三　民俗

1. 生活习俗

家庭是图瓦卢的基层生产单位，家庭成员集体耕作，一起出海捕鱼，产品由家庭成员共享。图瓦卢人在任何场合都不会为"称呼"问题伤脑筋，男女老幼之间从不冠以称谓。在家庭中，父母与子女之间，兄弟姐妹之间，都是直呼对方的姓名。人们在日常交往时，相互也直称姓名，没有叔叔、阿姨、爷爷、奶奶之称。但在官方的交往中，人们采用国际上的交往惯例。

图瓦卢人以鱼、米、面粉为主食，以面包果、椰子粉、芋头为副食。食物除鱼以外，米、面粉、糖、鸡肉、牛肉、鸡蛋、牛奶、蔬果等全赖进口，进口的青椒、芹菜、胡萝卜、苹果、柳橙及梨等非常昂贵。因为交通不便，当地人食用的蔬菜并不新鲜。图瓦卢人

---

① http：//www. tuvalu - news. tv/archives/2007/01/island_ special_ public_ holidays. html.

保留了传统用餐方式，使用原始的手抓法，不太使用刀、叉、汤匙等餐具，地上铺满用叶子编成的手工席子，人们席地而坐。食物放置于长桌上，取食方式类似西方的自助餐，人们自行取用。在图瓦卢，男子地位高于女子，人们重视长幼辈分。在聚会时，主人致辞完毕后，客人拿着用椰子叶制成的托盘当餐具取食，通常是男人先用餐，最后是女人和小孩用餐。用餐完毕后，侍者前去收拾餐具，递上水及毛巾供客人清洗双手。图瓦卢一年有三至四次岛聚，人们载歌载舞，展现了太平洋岛国人民的热情与民族风情。当地的传统美食多半是把芋头、面包果捣碎后加入椰浆制成。食物由各户人家分别准备。每户准备一大篮的食物，装在用叶子编成的篮子内，带到聚会所分享。传统烹饪方法以水煮和油炸为主。椰子汁是图瓦卢人喜爱的日常饮料。人们把椰子树的花梗切开，将流出的汁液收集成砍淘迪（Towdy），再经过三天的发酵制成传统酒；人们还把砍淘迪稀释后作为日常饮料。另外，图瓦卢人有咀嚼槟榔的习惯。

在服装上，岛民不论男女都着具有太平洋岛国文化特色的沙龙裙，女性沙龙裙颜色鲜艳，在旁侧打结；男性的则颜色暗沉，没有花色，看似西装裤，在中间打结。出席正式场合时，男性上半身多会穿颜色鲜艳的岛屿服装，女性则穿连身洋装。因地表渗水，一般居民平日多半不穿鞋，包括部长在内的公务员到办公大楼上班时，也是穿着拖鞋。小朋友光着脚跑是街头常见的景象。图瓦卢人喜爱鲜花和艳丽的服饰，妇女喜欢戴由鲜花和绿叶编织的花环。岛上严禁裸体。

图瓦卢人的夜生活丰富多彩，人们演唱波利尼西亚民歌，表演极富节奏感的摇摆舞。从几岁的孩子到白发苍苍的老人，无人不通，无人不精。每逢节假日，人们通宵达旦地唱跳不止，全国都沉浸在欢乐的海洋里。他们用自制的各种圆形、椭圆形、长条形木鼓作为伴奏乐器，其声音清脆、嘹亮，很有感染力。岛民体魄健壮，善于运动，经常进行比赛，尤其在各岛优胜者之间进行比赛。他们通常进行诸如冲浪、游泳、角力、拳击、标枪、狭橇滑行、赛跑等比赛。

图瓦卢人待客热情，在即将离开图瓦卢的人的脖子上套上用贝壳或当地植物种子制成的项链，以表达不舍之情。客人离开时，脖子上的项链越多，表示人缘越好。

图瓦卢民风淳朴，治安良好，人们重视分享。来自同岛的乡亲可借住聚会所，食物也多由同岛的乡友提供，家族传统的延续维持了社会治安和良好的社会风气。虽然国民人均年收入仅约 1600 美元，但是图瓦卢路边没有乞讨的现象。

2. 婚姻

按照图瓦卢的习俗，男性在选择妻子时需得到父母的同意。虽然姐妹、表兄弟姐妹会提出一些建议，但最终决定权在父母。婚姻通常由男女双方的父母安排。在这种情况下，亲属和大家庭群体①起着非常重要的作用。双方父母同意后，男女双方家庭互换礼物，这是双方大家庭的欢乐时刻。

---

① Kaitasi 翻译为享有平等土地使用权的大家庭群体，相当于中国的大家族，但是大家庭群体的凝聚力和统一性非常强。"家庭"在图瓦卢的含义更加广泛，不仅包括祖父母、父母亲、兄弟姐妹，还包括许多在"家庭"庇护下生活的远亲，甚至没有血缘关系的人。每一个大家庭都有"头人"，"头人"不是贵族，是大家庭的首领。每一个村庄会有一个或者几个"头人"。"头人"有责任保护家庭的每一个成员，使其有屋住，有饭吃。

图瓦卢男性追求女性的传统方式是携带"火把"①。这种传统做法起源于纳诺梅阿环礁,现在传到了全国各地。首先,年轻男子想娶的女孩的长辈与其协商。然后,男方家里的长辈会与女孩父母商量以征求女孩父母的同意。如果女孩的父母同意男子的请求,他的椰树叶火把就会被点燃;如果遭到拒绝,男方家里的长辈会和男子提到过的其他女子的父母商谈。由火把征得的婚姻也是整个社区的大事。村里的每一个人会依村长的意愿给新人食物、垫子或钱②,相当于中国给新人"随礼"。

根据图瓦卢法律,图瓦卢人婚姻自由。有时父母也会为他们的子女选择配偶,尤其是为女儿选择配偶。如果父母没有强迫,孩子遵从父母的意愿是对父母尊重的表现。但在其他情况下,父母会给孩子尤其是女儿施加不同程度的压力。在图瓦卢,包办婚姻不是普遍做法,但年轻女性往往会与长辈为她们选择的配偶结婚。虽然在图瓦卢还有这种传统的做法,但目前,越来越多的年轻人喜欢自己选择配偶。

《婚姻法》规定,打算结婚的双方需提前21天向当地户籍登记员提交材料。21天之后,户籍登记员会颁发结婚双方或者至少一方在该地区生活28天的居民证明,随后再颁发结婚证。登记员必须将打算结婚男女双方的申请资料进行公示,并在一定的期限内接受反对该婚姻的举报。濒临死亡的双方结婚可以不受此限制。任何婚姻只有拥有登记员签发的结婚证,或持有由岛内法院颁发的结婚许可才是合法的。结婚双方须满21岁,不满21岁的需获得父母

---

① 这种火把是用干枯的椰树叶制成的。
② 图瓦卢生命周期网站,http://www.janeresture.com/tu8/cycle_of_life.htm。

的同意，禁止亲属或近亲结婚，禁止其他阻碍结婚的不合法行为。

如果婚礼由登记员主持，登记员应在婚礼结束后立即把结婚证详细情况登记在册作为资料备案。如果婚礼由婚姻事务官员主持，则该官员须在婚礼举办后的 7 天之内将结婚证、声明以及结婚证复印件交登记员备案。

婚礼可由一名牧师在当地教堂或颁发结婚证地区的其他礼拜堂主持，但必须有至少两名见证人。重婚是违法的，同性之间缔结婚约还不被法律认可，旧式婚姻仍得到法律认可。

在法律上，女性和男性享有相同的选择职业的权利。结婚后，女方须住到男方的家里，要遵守男方家里的习俗。丈夫的传统价值观通常会对妻子的职业产生影响。法律规定，女性可自由选择姓氏和职业。实际上，在选择职业前，妻子通常会和丈夫商量。有时，出于家庭福利的考虑，丈夫会不同意妻子选择的职业。

婚姻双方有同等的权利结束婚姻关系。在婚姻双方申请离婚时，图瓦卢法院需要评估婚姻是否到了不可继续的地步，法院可参照某些因素来判定婚姻是否破裂。通奸、遗弃、虐待等因素可用来证明婚姻已经彻底破裂，没有挽回的余地。申请离婚没有时间限制，在结婚后的任何时间内都可申请离婚。法院会给予夫妻双方三个月的过渡期来进行和解，如果和解失败，法院会签发正式的离婚判决书。在做出离婚判决前，法院必须确保双方已经对子女抚养问题达成一致。如果夫妻双方对子女抚养问题不能达成一致，法院将会按照相关法律的规定强制执行。在现实生活中，有些女性羞于通过法院索要抚养费，所以强制执行支付抚养费在图瓦卢并不常见。根据图瓦卢传统惯例，在离婚后女性要搬离丈夫家，并且只能带走属于自己的东西。

与南太平洋地区其他岛国类似，图瓦卢所有的土地均为传统土地，几乎没有关于婚姻财产的法律规定，女性维护自身合法权益的途径就是申请获得一部分土地。图瓦卢的土地权是按照风俗来定，并根据土地法的规定进行分配的。按照习俗，离婚后女子会回到娘家，所以离婚时不存在土地分割，图瓦卢一直也没有出现因为婚姻破裂而产生的土地财产纠纷问题。女子离婚回到娘家后，理论上仍有权使用娘家的大家庭群体的土地。在现实生活中，由于女性怕丢脸，或者为了保护隐私，虽然夫妻双方感情已经破裂，但是女方往往会保持沉默，所以很多婚姻没有办理离婚手续。

在图瓦卢，只有地方法院和岛屿法院可依法批准离婚，解除婚约。

3. 丧葬

图瓦卢人对死去的亲人采取土葬方式。按当地习俗，人们将已故亲人葬于房舍边的花圃里或教堂前院的公墓内。少部分来自外岛的居民采取集中土葬的方式。家境较好的人家甚至会在坟墓上设计一个类似帐篷的顶，避免坟墓遭受风吹日晒。图瓦卢人仍然惦念去世的亲人，常可看见小孩或大人躺在坟墓上，或是盖上一条席子在上面玩耍。图瓦卢人也会在亲人的葬礼上唱歌跳舞，称其为库普（kupu），这是一种类似于法卡瑟瑟（fakaseasea）[①]的音乐。

4. "倒翻船底"迎贵宾

自古以来，图瓦卢人与海和船结下不解之情。人们喜爱船——他们认为乘船是一种高级享受，并将对船的爱融入对亲友、贵宾的情谊和礼仪中。19世纪，图瓦卢没有大牲畜，没有任何交通工具，

---

① 法卡瑟瑟是图瓦卢的传统歌舞，表演方式是人站在地上，根据音乐节奏扭动上肢，可以根据个人喜好来表演，没有严谨的规则，现在多由老年人表演。

图瓦卢人创造出一种陆地行船法。他们将船翻过来，使船底朝上，在船底绑上椅子。酋长坐在椅子上，八位大汉用肩抬船。图瓦卢人抬船的做法，既体现了对传统的尊重，又体现了海洋国家的特色。现代的图瓦卢酋长都有了现代化的交通工具，出行时不再乘坐翻底船了。只有当贵宾到来时，他们才会举行此种仪式。小船大约长三四米，船底布满鲜花和树叶，抬船人身穿华丽的岛国服装，贵宾坐在椅子上接受当地人的欢迎。英国女王伊丽莎白二世访问图瓦卢时，曾乘坐翻底船。①

第三节　特色资源

一　游览胜地

图瓦卢是一个拥有湛蓝的天空、素净的白云和一大片绿油油的树林的被称作"海上明珠"的国家。因地处热带，岛上种植着各种典型的热带作物：绿得油光发亮、叶子似芭蕉扇的香蕉树；叶大繁茂、枝叶繁美、拥有一叶三色典型特色的面包果树；长有似羽毛树冠的椰子树……在这个岛屿国家，没有发达的经济、没有现代化的生活方式、没有大规模的工业化生产，空气清新，拥有很多现代化国家很难拥有的优美环境。

1. 富纳富提环礁保育区

富纳富提环礁保育区（Funafuti Conservation Area）成立于1999年，是位于富纳富提环礁西侧的海洋保护区，面积为33平方

---

① 徐明远：《南太平洋岛国和地区》，世界知识出版社，2003，第179、180页。

公里，保育区内有珊瑚礁、潟湖和一些小岛。保育区建立的目的是保护海洋和陆地生物的多样性以及维护生态系统的平衡。富纳富提环礁保育区约占整个潟湖区的 20%。2009 年，图瓦卢出台了国家生物多样性战略和行动计划，维护海洋、外礁、潟湖、海洋和潟湖之间的自然通道等生态系统的平衡，保育区的发展是国家战略的体现。保育区内的生态沉积物有利于珊瑚的快速生长，能够满足岛屿建设需要，有利于支持社区发展，同时为其他无脊椎动物，如藻类、浮游生物、鱼类、海洋哺乳动物和爬行动物提供了生存空间。

保育区是鱼类、珊瑚和无脊椎动物的家园。1999 年，保育区内经过调查确认的指标鱼（indicator fish）[①]达 76 种，食用鱼[②]有 141 种，蟹、海参等无脊椎动物有 149 种。2007 年的调查证实，由于富纳富提环礁保育区的存在，鱼类数量增加了很多，保育区内还有很多大型特殊鱼类，例如石斑鱼、鲷鱼等，可以食用的大型鱼类能够在保育区内生存，说明保育区内捕捞活动很少。图瓦卢周边海域还有虎鲨、远洋白鳍鲨、灰鲭鲨、鲣鱼、黄鳍金枪鱼、大眼金枪鱼、大鲹、点斑原海豚、鲸和海豚等，这都充分表明了保育区对维护生态系统平衡的作用。

保育区还是太平洋地区鸟类的天堂，2012 年已经确定了 35 种不同的鸟类，包括 9 种燕鸥、7 种鹬、4 种海鸥和海燕、3 种鲣鸟以及多种太平洋帝国鸽（Pacific Imperial Pigeon）、长尾杜鹃等。泰普卡岛上的原生态阔叶林占富纳富提环礁阔叶林的 40%，泰普

---

① 红鲤鱼、红鲫鱼、红罗非鱼等鱼类被称为"指标鱼"。这些鱼颜色鲜艳，对水质敏感，游的速度快。
② 食用鱼是指能够供人类食用的鱼。

卡岛上还提供浮潜和水肺潜水（snorkeling and scuba diving）[1] 等项目。保育区是人们认识和了解太平洋稀有动植物的重要场所，由于保育区面积较大，穿越保育区需要乘船。

2. 纳努芒阿岛海底火洞穴

纳努芒阿岛海底火洞穴（Nanumanga Fire Caves）是纳努芒阿岛北岸的一个水下洞穴。洞穴中的墙壁上有火烧的痕迹，地面上有烧焦的珊瑚碎片。这个洞穴位于海平面以下 37～46 米的地方[2]。

海底火洞穴是被偶然发现的。20 世纪 70 年代末 80 年代初，来自新西兰的珊瑚礁爆破小队帮助图瓦卢修建穿过珊瑚礁的安全通道。爆破小队在修建穿过环礁进入纳努芒阿岛通道的过程中发现了海底火洞穴。1986 年，2 名潜水员前去调查纳努芒阿岛海底火洞穴。[3] 在纳努芒阿岛北端海平面以下 40 米的珊瑚礁处，他们找到了一个洞穴，洞穴很深。潜水者发现了墙壁和天花板上的黑片，在地面上找到了烧焦的珊瑚碎片，这是有人类在海底火洞穴居住和使用火的标志。

纳努芒阿岛海底火洞穴的存在证明了海平面自冰河时期以来发生的巨大变化。2 万年以前，世界上很多地方被冰雪覆盖，海平面比现在低 130 米。随着气温的升高，冰山不断融化，海平面不断上升，特别是在 14000～8000 年前，海平面急剧上升，许多以前的陆地被淹没，因而许多人类曾经生活的地区被淹没在"海里"。

---

[1] 两种潜水方式的主要区别体现在水域深浅、是否佩戴氧气筒。

[2] 根据考古发现和大胆推测，一些学者认为大约 8000 年前洞穴应该在海平面以上。而当前的历史书记载，3000 年前人们才初次进入这个偏远的岛屿，这样看来历史记载存在偏颇。

[3] 当地的传说又将海底火洞穴称为"海水下面的大房子"。

二　首都

图瓦卢没有严格意义上的城市。在图瓦卢人的概念中，首都所在的富纳富提环礁是城市，其他岛屿都属于农村。

富纳富提环礁是图瓦卢首都所在地，2002 年人口为 4492 人，2012 年人口为 6194 人。富纳富提环礁是全国 6 个环礁中规模最大的一个。当人们乘坐前往图瓦卢的小型螺旋桨飞机在 1500 米高空盘旋时，一弯月牙儿出现在一望无际的南太平洋上，这里就是富纳富提环礁。富纳富提国际机场是图瓦卢唯一的机场。富纳富提环礁东部各礁屿大部分相连成串，西部许多礁屿孤立存在。根据传说，富纳富提环礁上的最早居民来自萨摩亚。第一位拜访富纳富提环礁的白人是阿伦特·德·佩斯特①（Arent de Peyster），来自纽约，曾担任英国海军舰长。1819 年 5 月，佩斯特在经过图瓦卢南部地区时发现了富纳富提环礁，当时他以一名英国政治家爱德华·埃利斯之名命名此地。查尔斯·维克斯带领的美国国家探险队于 1841 年到达富纳富提环礁。

富纳富提环礁由 33 个珊瑚礁小岛组成。它们主要是亚玛土库、亚瓦劳、法劳伊戈、法列法图、法他托、丰迦法莱、福瓦法图、福雅纪亚、福列翡克、福亚罗巴、福纳法拉、福南马努、卢亚莫托、马铁加、摩图及、墨图罗亚、茂提法拉、努库萨瓦列法列、巴巴艾利斯、蒲加沙维利维利、铁亚福雅夫、铁亚福亚利库、铁法拉、铁列列、探加戈、铁布卡、铁布卡维利维利、图坦加、维萨福亚等。丰迦法莱岛是富纳富提环礁中最大的岛，呈蛇形，长 12 公里，宽

---

①　有些著作将其名字翻译为亚伦特·束勒·皮赛德。

10～400 米，陆地面积为 0.65 平方公里。岛上有 4 个村庄，2012
年人口数为 6006 人。丰迦法莱岛西部海岸的瓦伊阿库村（Vaiaku）
是图瓦卢政府驻地，这里还有图瓦卢邮局、气象局、国家银行、电
信公司、媒体公司、高等法院、机场、酒店、监狱、医院、总督府
等。

　　首都富纳富提在国际日期变更线西侧，是世界上太阳最早照射
到的首都。富纳富提处在热带地区，气温较高，雨量充沛，每年
3～10 月为旱季，11 月至翌年 2 月为雨季。富纳富提环礁上植物生
长茂盛，椰子树、香蕉树、面包果树高高耸立，生机盎然。首都有
两条主要道路，路面使用石子硬化，没有使用沥青。市中心有一家
银行，是平房；有 4 家商店，其中 1 家稍大一点儿，东西多些，其
余 3 家商店较小，销售的商品主要是食品，也有些做工粗糙的工艺
品。路两边是用水泥砖和纤维板搭盖的清一色简易房屋，其中大部
分是 1972 年后盖的。20 世纪 70 年代，一场强台风将首都的房屋破
坏殆尽，仅剩两幢房屋未被"搬走"。当时的房屋都是传统的草屋，
用椰子叶做屋顶，四周用几根柱子支撑，无墙，在离地面一米高处
铺上一块板，屋顶上面加些草。富纳富提环礁没有河流，也没有地
下水，主要依靠收集的雨水保证饮用所需。这里屋顶上、门前的大
木桶、铁桶就是为此而安置的。市民喜欢吃大米，但大米主要依赖
进口。

　　图瓦卢传统建筑主要使用树木搭建而成，都没有使用钉子。他
们将从干椰子上取下的纤维打结做成绳子，将建筑材料固定在一
起。当时没有油漆，他们用柴燃烧大量死珊瑚制成白色粉末，然后
将白色粉末与水混合，涂刷在教堂和社区建筑上。在与欧洲人进行
贸易往来之后，图瓦卢人开始使用铁制产品，包括钉子、瓦楞铁皮

等。图瓦卢现代建筑主要依靠进口建筑材料建造，包括进口的木材、混凝土、油漆等。

在 20 世纪 90 年代以前，议会是砖瓦结构的大厅，只有屋顶和柱子，四壁空空，海风袭来，十分凉爽。议会开会时，就用作会议厅；不开会时，可以用作法庭。那时，只有法官坐椅子，其他人只能席地而坐。现在，图瓦卢政府、议会等办公机构在一栋楼上，该楼共三层，呈工字形，楼的四周是用砖铺成的便道，楼对面 50 米处便是太平洋。

在 20 世纪后期，富纳富提环礁没有可以接收的电视节目，也没有专门的音乐厅，但是有广播节目可以收听，生活似乎很单调，有与世隔绝之感。但每到黄昏，成群结队的当地男女，在海边、草地、中心广场上无忧无虑地唱歌跳舞，怡然自乐，似"桃花源"中人。当前，人们在图瓦卢首都能收看转播自其他岛国的电视节目，并能使用计算机和互联网。

富纳富提环礁是图瓦卢最为繁华的地方，但是去过的游客也会有种与世隔绝的感觉。这里对外交通极不便利，每月只有一班轮船，每周只有一个 30 座的航班。走在富纳富提环礁公路上，往左边看是波涛汹涌的大海，往右边看还是大海，心里感觉极不踏实。在马路中间的洼地上时不时还会冒出一滩海水来，让人总感觉一不小心就会跟公路一起沉下去。虽然富纳富提环礁最宽处有 400 米，但是平均宽度只有二三十米。一个两三米高的海浪就能从这一侧打到另一侧。天黑后千万不要出来散步，一不小心就会走到海里去。富纳富提环礁太小，地形又比较平坦，涨潮时很多地方会被海水吞没，甚至包括岛中央的路。

第二章

历　史

在 19 世纪，关于图瓦卢珊瑚礁形成的原因是非常有争议的话题。科学家的困惑在于珊瑚礁一般生长在浅海地区，而图瓦卢这些珊瑚礁是如何在海底以下几百米深处生长的？关于图瓦卢古代的历史，人们也没有形成一致的看法。

殖民地时期的图瓦卢被打破隔绝状态，被迫与世界接触交流。这期间外国殖民者对图瓦卢进行了无情的掠夺和占领，并大肆贩卖奴隶。同时，殖民国家的扩张也带来了西方价值观念、宗教信仰、意识形态和生产技术。

第一节　古代简史

古代图瓦卢没有文字，因此图瓦卢的确切历史人们无从得知。语言学家根据掌握的资料，推算出了图瓦卢语存在的时间。他们认为，图瓦卢语以及图瓦卢人定居的时间可以追溯到大约 2000 年前。然而，现在图瓦卢流传的传统故事和家谱大多只能追溯至大约 300 年前，这也意味着图瓦卢现存的历史故事不是来源于图瓦卢祖先口耳相传，很可能来自图瓦卢的后来定居者。

人们普遍认为，图瓦卢早期居民主要来自萨摩亚，可能是从托

克劳群岛（Tokelau Islands）迁移过来的，还有一部分人来自汤加和沃利斯岛，这些移民都属于波利尼西亚人，努伊环礁上的部分居民属于密克罗尼西亚人的后裔。

据澳大利亚《时代报》报道，1986 年在纳努芒阿岛北侧海域发现的海底火洞穴证明人类在此定居的时间在 8000 多年前，但是此期间关于图瓦卢及其他太平洋岛屿人类定居的证据可能已被海水淹没。虽然用火的证据仍有待商榷，但是该洞穴留下的人类活动痕迹无法轻易否定。[①]

依据传教士的报告以及当地的食物供应量，现代学者推测图瓦卢的人口在 1900 年以前不会超过 3000 人。图瓦卢人认为这些文字记录是由一些并不在当地生活的人完成的，记录不一定可信。考古学家认为，当地人口的数量要比传教士的报告中记录的多一些，他们在 20 世纪 30 年代的考古发现证实了这一观点。1930 年，考古学家在纽陶岛发现了大量被埋在 1 米以下土地中的人类头骨。在努库费陶环礁的众多坟墓中，考古学家也发现了类似现象，特别是在法莱小岛上。

图瓦卢人对人口数量质疑的依据是土地上存在数量众多的大坑，这些坑多被用来种植沼泽芋头（pulaka）。[②] 坑的深度不等，深度一般为 0.3～6 米，有些坑深达 20 米。他们认为如果人口不超过 3000 人的话，他们的祖先为什么要挖这么多的坑？这些坑种植作物的产量远远超过 3000 人的需求，甚至能够满足上万人的食物需

---

① The Fire Caves of Nanumaga, *The Age*（Australia），13 April, 1987.

② pulaka 是一种沼泽植物，类似芋头，有大叶子和粗根，是图瓦卢人的主要食物，大约能长到 1 米高，基本种植在洼地里。这种植物在基里巴斯、库克群岛、萨摩亚、斐济、托克劳群岛、瓦努阿图等都有种植。

要量。①

　　在西方殖民者进行殖民统治之前，图瓦卢社会以父系大家族为基本单位，有阶级分化，实行家长奴隶制。经济以农业和渔业为主，种植椰子、香蕉、芋类。他们使用摩擦取火，用地灶烘烤食物，喜饮卡瓦酒②，爱穿树皮布，盛行文身。房屋多用树干和枝叶搭盖，有的高达 6 米，四周无墙，但挂有编织垂帘。

第二节　近现代历史

一　西方殖民者的入侵

　　寻找财富与热衷传播基督教的西班牙探险家是最早到达图瓦卢的欧洲人。

　　欧洲的对外扩张开始于 15 世纪末，宗教狂热、人性贪婪、极大的好奇心是驱使欧洲人进行殖民扩张和海外掠夺的重要原因。在哥伦布、瓦斯科·达·伽马海外探险和探索新航线后，图瓦卢作为南太平洋上的岛国，也在西方殖民者的扩张过程中很快被发现。因此图瓦卢长期与世隔绝的状态被打破，开启了与外界联系的新时代。

---

① 图瓦卢人认为图瓦卢在古代一定存在人口繁盛期，他们的祖先通过挖坑种植作物来满足众多人口的食物需要，或者将食物储存起来以备子孙食用。人口的急剧下降可能源于战争或者自然灾害。

② 卡瓦酒虽名为酒，其实并非酒，而是一种用卡瓦的块根制成的温和型饮料，拉丁语名称为“piper methysticum”，又称“令人陶醉的胡椒”。卡瓦酒看似泥浆，喝起来有淡淡的花椒水味和苦涩味，喝后舌头发麻。卡瓦是一种多年生灌木，高 2～4 米，叶呈心形，生长周期为 3～5 年，多生长于南太平洋岛屿上。饮用卡瓦酒能够清醒、怡神、稳定情绪、促进睡眠，对精神紧张、焦虑、恐惧、失眠、抑郁具有一定的疗效。

1567 年，西班牙航海家阿尔瓦罗·门达尼亚·内拉（Alvaro de Mendana Y Neyra）[1] 驾驶着帆船向西穿过太平洋进行海外探险，发现并命名了所罗门群岛（Solomon Islands）东半部分的大量岛屿。1568 年 1 月 16 日，阿尔瓦罗·门达尼亚·内拉发现了图瓦卢岛群中的第一个小岛，将其称为耶稣岛，这就是后来的努伊环礁。他之所以将其称为耶稣岛，是因为内拉发现此岛时正值耶稣盛会（圣诞节）到来。阿尔瓦罗·门达尼亚·内拉在他关于努伊环礁的日记中写道："我们发现这个岛屿太小了，周围不超过六个里格。[2] 岛上全是棕榈树；向北前行，则是一些暗礁……"正如内拉所叙述的，图瓦卢在被发现之前，人们的生活是较为平静、原始的。岛上居民试图冒险去登船，但是内拉没有和岛上居民联系，也没有登陆，图瓦卢依然保持着它的原貌。与内拉一同前往的引航员加耶果（Gallego）也记载道："他们裸露着身体，是黑白混血人。"麦哲伦号船长萨米恩托（Sarmiento）则观察说，那时的图瓦卢有一个大渔场。

16 世纪晚期，阿尔瓦罗·门达尼亚·内拉再次获得了船只、经费、足够的人员进行太平洋探险。1595 年 8 月 29 日，他们发现了纽拉基塔岛，将其称为"独居的岛"。他在这次航行中仍然没与当地居民取得联系。阿尔瓦罗·门达尼亚·内拉船队继续前行，驶向所罗门群岛东南侧的圣克鲁斯群岛（Santa Cruz Islands）。但不幸的是，1595 年 10 月内拉在航行途中去世。

---

① 阿尔瓦罗·门达尼亚·内拉（1542～1595），西班牙航海家和探险家，1567～1568 年第一次率探险队由秘鲁出发远航太平洋，进入南太平洋后发现了所罗门群岛和图瓦卢群岛。该次航海使用了导航仪，为西班牙日后的航海提供了宝贵经验。

② 里格是长度单位，1 里格约等于 3 英里。

两个世纪后，欧洲人与图瓦卢终于建立了紧密联系。1764 年，约翰·拜伦（John Byron）在环球航行时经过了图瓦卢。随后，西班牙贸易者弗朗西斯科·莫雷莱·德·拉鲁阿（Francisco Mourelle de la Rúa）在从菲律宾首都马尼拉前往墨西哥的航程中受不利风向影响，被迫航行到赤道以南。由于物资匮乏（食物在途中被螳螂糟蹋了），拉鲁阿被迫到达了南部的汤加群岛。在此地稍作停留，他又继续向北航行。1781 年 5 月 5 日，他发现了纳努芒阿岛，将其命名为 "科加尔岛"。但是，当时即使使用最精密的航行仪器也无法确定此地的纬度和经度，这一难题直到 18 世纪晚期才得以解决。即使岛上的居民坐船去牵引他乘坐的航船，拉鲁阿也未能成功登岸。无奈之下，拉鲁阿放弃了尝试，驾驶船只继续向西南方向行驶，无意中发现了纳诺梅阿环礁，将其命名为 "圣奥古斯丁岛"。虽然这次航行探险没有取得很大进展，却使得人们对此地的兴趣激增。

第三个到达图瓦卢的是美国人阿伦特·德·佩斯特，他具有美国血统，从欧洲人那里获得了航行考察资金。1819 年 5 月，佩斯特指挥英国的双桅船丽贝卡号（Rebecca）到达图瓦卢的南部水域，发现了一组有居民居住的 14 个小岛。丽贝卡号不仅要躲避海上失事船只的残骸，还要应对能见度极低的恶劣天气，以及岛屿之间的孤立、隔离状态。佩斯特在这次航行中发现了努库费陶环礁和富纳富提环礁，他分别将它们称为佩斯特群岛（Peyster's Group）和埃利斯群岛（Ellice's Group），合称为埃利斯群岛（Ellice Islands）。埃利斯群岛的命名是有渊源的，它是以爱德华·埃利斯（Edward Ellice）的名字命名的。埃利斯是英国考文垂的一名议员，丽贝卡号的拥有者，也是伦敦的一名大商人、金融资本家，加拿大哈德森海湾公司（Hudson's Bay Company）的领头人物。最终，经英国水道测量家芬得雷（A. G. Findlay）确认后，埃利斯群岛这个名字应用于图瓦卢所有的九个岛群。

在接下来的十年里，有更多的贸易者和捕鲸者来到图瓦卢，并作短暂的停留，尤其是1818年太平洋中部鲸群被发现之后，更是吸引了不少西方人来到这里。1820年，俄国探险家米哈伊尔（Mikhail）到达努库费陶环礁。1821年11月6日，美国乔治·巴雷特（George Barrett）船长第一次发现了努库莱莱环礁，随后再次发现了纽拉基塔岛。那时，尽管到达图瓦卢已经不再是令人惊奇的事情，但是由于在环状珊瑚岛登陆存在很大的困难，所有捕鲸船、贸易船只能在太平洋上漫游、漂泊，成功登陆是众多探险家、贸易者非常期待的事情。乔治·巴雷特船长是成功登陆的第一个捕鲸者。1821年11月，他用椰子与生活在努库莱莱环礁上的居民进行物物交换，在努库费陶环礁上建立了岸边驻扎营地。他发现环礁上的图瓦卢人把煤块收集起来，用于溶化鲸油，以便生活或作其他之用。1825年，奥贝德·星芭（Obed Starbuck）发现了纽陶岛和瓦伊图普环礁，继西班牙航海家阿尔瓦罗·门达尼亚·内拉第一次航行250年之后，人们又一次发现了努伊环礁。科基尔号在1824年5月到达了纳努芒阿岛。

尽管这些探险家们的历史记录流传下来的不是很多，有时有意的一些发现要让位于无意间的发现，但是这些信息对人们确定这些珊瑚岛群的位置有很大帮助。19世纪中期，图瓦卢人已经对大批欧洲人到来习以为常。1853年，种植园主皮斯成为较早拜访纳诺梅阿环礁的欧洲人之一。他在被允许登岸之前，接受了洗礼，举行了充满吉祥气氛的仪式。

在 19 世纪，图瓦卢周边水域被美国人频繁涉足。外国船员往往定居在岸上，一些有冒险精神的当地居民也成为船员。来到图瓦卢的外国人或者成为贸易者，或者成为澳大利亚、德国、美国公司的一些代理商。这些代理商将在图瓦卢收集的椰子果、椰子油、干椰子肉出口，获得了可观收益。

19 世纪 60 年代，罪恶的奴隶贸易在图瓦卢盛行。1862～1863 年，秘鲁人的船只到达复活节岛（Easter Island）。当地土著居民称之为拉帕努伊岛（Rapa Nui Island），依照英语发音译为伊斯特岛，它是南太平洋中的一个岛屿，是世界上与世隔绝的岛屿之一。1722 年 4 月 5 日，荷兰探险家雅克布·洛加文的舰队到达了此岛。1770 年 11 月 15 日，西班牙海军将领唐·菲利普·冈萨雷斯指挥两艘海军舰船再次造访了该地，在该岛的三个高地上竖起木质十字架后，宣布占领此岛。1774 年库克船长来到此岛，一名来自塔希提岛（又译为大溪地）有着波利尼西亚血统的随行人员和当地居民进行了交谈。1786 年法国探险船队从智利合恩角驶来，抵达复活节岛。1805 年，一艘美国捕鲸船与当地居民发生了激战，抓走了 22 人，复活节岛上出现了第一起奴隶贩卖活动。自此之后，复活节岛上不断发生贩卖奴隶活动。自雅各布 1722 年登陆复活节岛至 1862 年的一百多年里，有案可查的造访复活节岛的外国船队多达 53 次。多数船只是为贩卖奴隶而来。贩奴者在太平洋东部地区和图瓦卢群岛搜寻劳动力，进行奴隶买卖，以满足秘鲁极度短缺的劳动力需求。他们为了获得更多的劳动力，经常欺骗当地居民，许多居民被迷惑，登上了臭名昭著的黑奴船。有时贩奴者还装扮成基督教信徒或者传教士，甚至使用枪对当地居民进行恐吓，实施绑架。1863 年，来自富纳富提环礁的 170 名当地居民和来自努库莱莱环礁的 250 名居民被送往秘鲁去做苦力。这些人没有一人回来，那些没有被掠去的，后来也被带到斐济、萨摩亚、夏威夷，在种植园里当奴隶。同时欧洲人携带来的病毒也使得当地大量居民非正常死亡。

二　基督教和欧洲贸易

在欧洲的殖民扩张和海外贸易中，基督教教徒起到了重要的作用。

1861年，基督教传播到图瓦卢。来自库克群岛马尼希基的伦敦传教士艾莱卡纳驾轻舟漂流到了图瓦卢的努库莱莱环礁。1865年5月，默雷从萨摩亚来到图瓦卢，任命了萨摩亚牧师。从这时起，大量的图瓦卢人成为图瓦卢基督教的忠实信徒。19世纪末20世纪初，主管图瓦卢教会的是在基督教教会中占据主导地位的萨摩亚人，他们在很大程度上影响了图瓦卢人的信仰、语言和音乐。

19世纪中期，外国贸易公司在图瓦卢活跃兴盛，贸易者也多在图瓦卢常驻。约翰·奥·伯恩（John O Brien）是第一个在图瓦卢定居的欧洲人。19世纪50年代，他成为富纳富提环礁的一个贸易者，并娶了富纳富提环礁最高酋长的女儿萨莱为妻。1880年4月，路易斯·贝克（Louis Becke）来到纳诺梅阿环礁进行贸易，后来贸易站被暴风损坏，他又前往努库费陶环礁。德国戈德·弗洛伊公司和汉堡的颂恩公司是最早在图瓦卢进行贸易的公司。由于贸易者对当地人加工椰干不是很感兴趣，他们设计了一个代理商体系，这些代理商大都来自美国和英国。在图瓦卢，贸易代理商向当地人出售由戈德·弗洛伊公司运输来的欧洲货物。这一时期，诸多贸易者成为代理商体系的核心。

1892 年，英国皇家号（H. M. S. Royalist）船长戴维斯给予后来到达埃利斯群岛的贸易者很大的支持。戴维斯船长在 1892 年 5~8月到达了吉尔伯特群岛①、埃利斯群岛和马绍尔群岛。这期间，他解决了不同国籍贸易者之间以及贸易者和岛上居民间的各种争端，平息了一场发生在塔拉瓦②（Tarawa）的战争。在埃利斯群岛，戴维斯接触了不同生活习惯的人，和他们进行交流，并把所见所闻都详细地记录下来。

在戴维斯支持的贸易者中，比较著名的有纳诺梅阿环礁的德达菲（Duffy）、纽陶岛的巴克兰（Buckland）、瓦伊图普环礁的尼茨（Nitz）、富纳富提环礁的约翰·奥·伯恩、努库费陶环礁的阿尔弗雷德（Alfred）、努伊环礁的马丁·克里斯（Martin Kleis）。这些贸易者的名字在图瓦卢至今还家喻户晓。

阿尔弗雷德曾是一名士兵，后来环游世界。在到达图瓦卢之前，他去过南非、澳大利亚、美国、南美洲等地。阿尔弗雷德后被戈德·弗洛伊公司聘用。1879 年，戈德·弗洛伊公司被驻萨摩亚的德国公司接管。1881 年，亨德森公司的乔治·维斯布鲁克（George Westbrook）和麦克·法莱恩（Mac Farlane）在富纳富提环礁加入了阿尔弗雷德的公司。这一活动在朱利安·达纳（Julian Dana）③ 所写的《死了的神》（*Gods Who Die*）中有所描述。在富纳富提环礁进行贸易期间，乔治·维斯布鲁克和阿尔弗雷德成为生意上的好朋友，是富纳富提环礁上仅有的两个白种人。尽管该环礁

---

① 吉尔伯特群岛是基里巴斯共和国的主要组成部分，首都塔拉瓦即在此群岛上。该群岛由 16 个珊瑚岛礁组成。
② 吉尔伯特群岛中的一个三角形的珊瑚环礁。
③ 萨摩亚伟大的探险家。

上的椰干很有限，但维斯布鲁克和阿尔弗雷德没有因为收购椰干而斤斤计较，更没有发生冲突。1888 年，维斯布鲁克回到伦敦，阿尔弗雷德也离开富纳富提环礁去了努库费陶环礁。阿尔弗雷德在努库费陶环礁一直居住到 1911 年去世。

约翰·奥·伯恩是一位混血人，他在 18 世纪 50 年代来到富纳富提环礁。可以说，伯恩是较早来到富纳富提环礁的白种人，先于其他白种人 30 多年到达这里。伯恩的名字与富纳富提环礁紧密相连，其家族成员遍布世界许多国家。

著名的澳大利亚作家乔治·路易斯·贝克（George Louis Becke），也曾是来到图瓦卢的一名贸易者。他在从事写作之前，远洋航行到达过南太平洋。19 世纪 80 年代早期，他和另一位贸易者汤姆·德·沃尔夫（Tom de Wolf）共同前往纳诺梅阿环礁。1881 年 2 月，贝克在努库费陶环礁拥有了属于自己的商业市场。他与当地的一名女士结婚，拥有了美满家庭。

19 世纪，不仅有大量的传教士和贸易者来到图瓦卢，还有一些科学家、人类学家和对图瓦卢感兴趣的人来到这里，为我们揭开了图瓦卢神秘的面纱。1841 年，美国探险队在查尔斯·威尔克斯（Charles Wilkes）的带领下来到富纳富提环礁、努库费陶环礁和瓦伊图普环礁。在这期间，阿尔弗雷德·托马斯（Alfred Thomas，雕刻师、插图画家）记录下了努库费陶环礁上穿着裙子、身上文有花样图案的居民。

1890 年，罗伯特·路易斯·史蒂文森①（Robert Louis

---

① 史蒂文森，1850 年出生于英国爱丁堡，是 19 世纪后半叶英国伟大的小说家，代表作有《金银岛》《化身博士》《绑架》《卡特丽娜》。史蒂文森身体不佳，患有肺病，经常外出旅行寻找适宜居住的地方。

Stevenson）和妻子芬妮·范德格里夫特·奥斯朋（Fanny Van Der Grift Osbourne）乘坐珍妮特·尼科尔号（Janet Nichol）汽船来到富纳富提环礁。这是史蒂文森的第三次远洋航行。他从澳大利亚悉尼出发，远航至太平洋西部的马绍尔群岛。史蒂文森所乘坐的珍妮特·尼科尔号汽船归新西兰人亨德森和麦克·法莱恩两人所有。亨德森、法莱恩也与史蒂文森一起旅行。珍妮特·尼科尔号汽船从奥克兰出发，顺水航行。史蒂文森的夫人奥斯朋把沿途见闻以及到达富纳富提环礁后的情况写在了日记里，后来整理成册，出版了《珍妮特·尼科尔号漫游记》[①]，这本书里还附有他们在富纳富提环礁所拍摄的照片。

1890 年 5 月 27 日，奥斯朋在日记中写道：

　　我们期盼能到达富纳富提环礁，这是在黎明之际我们能到达的埃利斯群岛中的第一个岛。上午 9 点，我们没有观察到任何有关这个岛的标记。"方向错了"，船长惊叫道。船上的人都跑了出来，我们不得不返程了。下午 2 点，船只停泊在一个环礁上。有两个贸易者登上了船，一名是患有象皮病[②]的混血人；另一位贸易者看起来不是很瘦，但脸色苍白，他的脸、手、腿和脚看起来没有被晒伤，但令人惊奇的是他身上有显而易见的像蜡状物的混合物。交谈的时候，他眼神无力，毫无生机。我问他们是否喜欢这个岛，他们说一点儿也不喜欢，并向我们描

---

① Fanny Van Der Grift Stevenson, *The Cruise of the Janet Nichol Among the South Sea Islands*, University of New South Wales Press, 2003.

② 象皮病又称血丝虫病，是因血丝虫感染而造成的一种症状，血丝虫幼虫在人体的淋巴系统内繁殖使淋巴发炎肿大，使人体皮肤类似大象的皮肤。蚊虫叮咬是这种病的主要传染途径。

述了有关岛上的一些事情。他说岛上不能养鸡、鸭和猪，妒忌他的居民会用石头把这些家禽牲畜砸死，就连种植果树也是一样。岛上土壤肥沃，种植有数量不多的面包果树和香蕉树，但没有人能充分利用良好的条件去尝试扩大种植规模。岛上居民不允许种植其他树木，刚种上的树往往遭到破坏，连老的树木有时也会被毁坏掉。

对于在船上遇到的那两个贸易者，史蒂文森夫人还在日记中写道：

那个混血人回忆，一些裸露在外面的和海里的暗礁都含有有毒物质。最坏的情况是海里的鱼会突然死去。另一位贸易者则看起来饥饿难忍。混血人还说，一个在传教士船上的船员懂得一些药学方面的知识，船员告诉他只需要服用一些含铁成分的药物，保证充足的饮食，就能治好他的病，船员还给了他一些药物，他的身体渐渐好多了。但他不知道去哪里找有营养的食物。

通过混血人的讲述，史蒂文森夫人也了解到一些关于秘鲁黑奴贸易的情况。1886 年，混血人离开了富纳富提环礁，和很多人一样被骗去秘鲁做苦力了。史蒂文森到达富纳富提环礁后还见到了混血人的妻子和儿女，他们一家人还设宴款待了史蒂文森夫妇。

史蒂文森夫人在日记中介绍了岛上的情况。在岛的低洼处，土壤肥沃，有蕨类植物、大量灌木丛和开花植物，还有芋头和香蕉。岛上有不少沼泽和水池，岛上的空气有温室气体的味道。

1894 年，鲁道夫·费斯泰迪奇（Rudolf Festetics）伯爵和他的妻子艾拉、女儿布兰奇·哈根（Blanche Haggin）来到富纳富提环礁，记录下了这里的民俗、风貌等。1896 年，澳大利亚博物馆的博物学家赫德利随同探险队来到富纳富提环礁。在当地，他搜集了大量无脊椎动物和人类学的研究资料。同年，埃德加·韦特（Edgar Waite）也来到这里，通过考察撰写完成了《富纳富提环礁的哺乳动物、爬行动物、鱼类》一书。

三　英国的殖民统治

对于欧洲来说，19 世纪是一个生产力提高、经济增长和社会更加繁荣的世纪，尤其是 19 世纪的后 25 年。在这一发展过程中，18 世纪中期开始的工业革命逐渐扩展到整个西方世界，促进了生产力的稳定发展、经济的持续增长和工人阶级的迅速崛起。随着工业革命的深入开展，工业国家对广泛的市场、劳动力、原材料的需求日益增长，对棉花、羊毛、燃料、铁、铜、煤炭等工业原料的需求取代了对消费品的需求。这些国家迫切需要在本国之外开辟市场，以消化本国生产的工业制成品。由于欧洲地区的市场已经饱和，因此工业国家只能向美洲和亚洲拓展发展空间。可以说，欧洲的工业化进程对殖民地有着重要影响，西方各国都加紧了对殖民地的争夺。在这场生产力的极大变革中，英国走在前列，这也使得英国在海外殖民地的争夺以及管辖权上占据优势地位。

1874 年，英国占领了斐济。之后英国仍然面临着如何控制太平洋上其他岛群的问题。为了达到这一目的，英国在 1877 年制定了有关太平洋委员会的法令条文，并应用于西太平洋上的所有岛屿。1884 年，英国在昆士兰州（Queensland，澳大利亚的六个州之

一）殖民地的压力下，把位于西南部的巴布亚新几内亚划为保护领。1890 年，英国在征得德国的同意后获得了所罗门群岛的更多地方。1893 年，英国又把所罗门群岛的部分地区划为保护领。1899 年，西班牙把本国在太平洋拥有的属地帕劳和玛丽安娜群岛卖给了英国。

英国在鼎盛时期在除南极洲以外的各大洲都有殖民地。对于殖民地，英国采取直接统治和间接统治两种方式。英国的殖民政策旨在保持已有政府结构和尽量尊重或接受当地文化的特点，因俗而治。英国的间接统治制度试图把殖民地的传统权力形式尽可能完好地保存下来，不同于法国要求殖民地当地头领完全屈从于法国殖民统治者的做法。

在扩张海外殖民地的过程中，英国负责管理殖民地的政府部门经历了一系列变化。最初由陆军大臣行使对殖民地的管辖权，1854 年英国任命了独立的殖民地大臣。同时，英国外交联邦事务部对海外殖民地也行使管辖权。英国还从名牌大学毕业生中选派到殖民地政府工作的公务人员。尽管 19 世纪有众多西方国家到达图瓦卢，但最终获得管辖和统治权的是英国。1877 年，图瓦卢归英国设立的西太平洋高级委员会管辖。1892 年，英国宣布图瓦卢为英国的保护领，在行政上与北部的吉尔伯特群岛合而为一，建立了吉尔伯特和埃利斯群岛殖民地①。英国西太平洋高级委任专员获得对图瓦卢的管辖权，有利于英国工党实施关于征募新兵、出售枪支和烈性酒的措施，一定程度上缓解了工党内部的分歧。尽管英国在 1886 年与德国签有协议，但是英国政府意识到如果在图瓦卢不及时宣布

---

① 吉尔伯特和埃利斯群岛殖民地又称为吉尔伯特集团。

建立保护领，德国将会抢先一步，而且没有签订此协议的美国可能趁机命令该国军事总司令驾驶战舰去吉尔伯特群岛宣布成立保护国。英国遂派遣戴维斯船长去执行这项艰巨的任务。到达吉尔伯特群岛后，戴维斯船长和当地首领、老人谈话，并向他们详细解释，以征得他们同意建立保护领。经过谈判，除阿拉鲁卡①和库利亚②外的吉尔伯特群岛所有的岛屿都同意成为英国的保护领。在来吉尔伯特群岛之前，戴维斯船长也曾到过埃利斯群岛，但他没有宣布成立保护领。他在回忆录中记录道：每一个岛上的国王都请求过成立保护领，1892年吉普森船长被派到埃利斯群岛③，他在10月宣布在此成立保护领。1915年11月10日，英国吞并了这块保护地，成立了吉尔伯特和埃利斯群岛殖民地。

戴维斯还记录了当时吉尔伯特群岛、埃利斯群岛上的情况。他说，当地居民是热爱和平和遵守法律的。这里的居民有的像马来亚人，有的像朝鲜人。他们有直直的头发，鹰钩鼻，长相帅气。人们的主要食物是椰肉和芋头。在环礁湖上到处可见露兜树和各种各样的鱼类，人们把露兜树的果实晒干后食用。与太平洋上的其他岛屿相比，这里人们的生活水平是相当高的，一夫多妻制和溺婴事件基本消除。在个别岛上，社会治安较差，当地"头人"持有锋利的刀，使用火枪维护秩序，这些火枪都是不同时期的贸易者留下来的。当地首领将岛屿的部分管理权授予了戴维斯，戴维斯觉得这是他巨大的荣幸。

在图瓦卢沦为英国的保护领时期，尤其是第一次世界大战期

---

① 在吉尔伯特群岛北部，赤道以北，是一个环礁。
② 在阿拉鲁卡的西北部，位于吉尔伯特群岛的中心，是几个小岛（islet）的合称。
③ 在1975年独立前，图瓦卢一直被称作"埃利斯群岛"。

间，欧洲殖民扩张的政策与意识形态上升为"新帝国主义"。欧洲列强在海外竞相争夺殖民地。尽管此时非洲成为帝国主义者们争夺的首要目标，但东亚和东南亚沿海地区也遭受着频繁的争夺。此时英国面临激烈的竞争，为本国产品和投资寻求更大的海外市场，为了保全自己的霸权地位，英国必须进行进一步的扩张。图瓦卢作为南太平洋上的岛国，优越的地理位置、丰富的可利用资源，使得英国更重视对此地域的管理。

在英国殖民统治之下的图瓦卢，受到了贸易、移民、武力征服等多种因素的影响。在殖民统治期间，英国向图瓦卢传播了法律、科学技术以及西方的管理模式。与此同时，图瓦卢获得了西方的科学技术与投资开发，一定程度上促进了经济的发展与生活水平的提高，同时也获得了英国带来的法律和制度。英国还试图将西方的议会民主制引入图瓦卢，但图瓦卢并没有完全接受。英国在图瓦卢的统治终究是为了自身利益，他们提供的方便是为了将殖民地货物能够更快捷地送回本国，以满足国内工业生产的需要，或者是为了将本国的工业品输送到殖民地进行销售。英国为了维护其统治的稳定，考虑到各殖民地内部民族的复杂性，采取了"分而治之""精英制度"等政策，这使得一些殖民地在独立后存在不同程度的分裂。

四　第二次世界大战期间

二战期间，日本不断扩大对太平洋岛屿的占领。1941 年 12 月，日本入侵了吉尔伯特群岛的塔拉瓦。随后，吉尔伯特群岛的其他岛屿被日本占领。日本拟向南将占领区推进到埃利斯群岛（图瓦卢），但是日本在与美国进行的中途岛战役（Battle of Midway）中遭受重大损失，推进速度放慢下来。中途岛战役是第二次世界大战的一场重要战役。这是唯一一次使用航母战斗群的战役，也是美国海军以少胜多的著名战役。战役于 1942 年 6 月 4 日开始，美国海军不仅在此战役中成功地击退了日本海军对中途岛的攻击，还获得了太平洋战区的主动权。因此，中途岛战役成为第二次世界大战太平洋战区的转折点。这使美国人先于其他国家到达埃利斯群岛。1942 年 10 月，美国军队在富纳富提环礁登陆，他们修建了一个大型飞机场，并且安装了高射炮掩体。英国在埃利斯群岛的殖民统治当局从塔拉瓦转移到富纳富提环礁，不久又搬到斐济首都苏瓦（Suva）。

随后，美国将在图瓦卢的防御链条连接起来，又在努库费陶环礁和纳努芒阿岛修建了机场。日本飞机不断轰炸被美国军队占领的岛屿，但是飞机轰炸没有对岛上居民造成重大损伤。图瓦卢军事基地为美国军队向北推进提供了重要支持。1943 年 11 月，塔拉瓦战役爆发①。1943 年 11 月以后，美国控制了整个埃利斯群岛，美国在这里不仅修建了军事设施，而且建立了医院。二战结束以后，美国撤出了全部军队和部分军事设施，只留下了飞机残骸。但是，美国为建立军事设施而对耕地进行征用，影响了战后当地经济发展和农业恢复。

第三节　当代简史

二战结束后，很多图瓦卢人迁移到吉尔伯特群岛的塔拉瓦，吉

---

① 这次战役从 11 月 20 日持续到 23 日，美国动用了航空母舰、驱逐舰、巡洋舰、战列舰、登陆舰等近百艘以及轰炸机 200 多架，125 辆履带两栖车等。战争异常残酷，横尸遍野，美日均伤亡惨重。最后以日本战败而告终。

尔伯特和埃利斯群岛殖民地又恢复了殖民统治。由于进行战后重建工作，塔拉瓦提供了更多的就业机会。来自埃利斯群岛的居民获得的就业机会多于吉尔伯特群岛的居民，原因在于吉尔伯特群岛教育体系在日本占领时期中断了，而埃利斯群岛的教育继续发展。这导致了吉尔伯特集团内部公务员之间的对抗和争夺权利。

1947 年，英国准备授予殖民地自治权，但是埃利斯群岛上的居民不同意，他们开始寻求脱离吉尔伯特集团。于是，英国在图瓦卢进行了一次正式调查。这次调查是为了了解埃利斯群岛居民对吉尔伯特集团分裂的态度。按照规定，所有埃利斯群岛人都可以参与投票。英国统治者给了埃利斯群岛两个选择，一是继续留在吉尔伯特集团，二是从吉尔伯特集团分裂出来，脱离英国。在进行投票之前，英国统治者告诉埃利斯群岛居民，如果他们支持吉尔伯特集团分裂，埃利斯群岛将不会得到磷酸盐的使用特权和其他任何资产。尽管如此，4092 名埃利斯群岛居民参与了投票，92% 的公民选择脱离英国统治，只有 7.1% 的公民投票反对吉尔伯特集团分裂①。

1975 年 10 月 1 日，一场合法的分裂在吉尔伯特集团上演。1976 年 1 月 1 日，埃利斯群岛完全脱离吉尔伯特集团，成为君主立宪制国家。吉尔伯特和埃利斯群岛殖民地宣告解体。埃利斯群岛改名为图瓦卢。1978 年 10 月 1 日，图瓦卢宣告独立。独立那天，富纳富提环礁上的外国水手比当地人还要多。② 图瓦卢独立后颁布了一部新宪法。宪法规定，图瓦卢参加英联邦，成为英联邦第 38 个成员国，但是不出席英联邦政府首脑会议。

---

① http：//www.tuvaluislands.com/history2.htm.
② 刘必权：《世界列国志·大洋洲阿拉伯北非》，台北：川流出版社，1988，第 129 页。

1979 年 2 月 7 日，美国承认富纳富提环礁、努库费陶环礁、努库莱莱环礁、纽拉基塔岛是图瓦卢的组成部分，自 1983 年 9 月 23 日生效。1986 年 2 月，图瓦卢举行全民公投，反对国家成为共和国。2008 年 4 月 30 日，图瓦卢再次进行公投，同样反对成为共和国。2000 年 9 月 17 日，图瓦卢成为联合国第 189 个成员国，同年成为英联邦正式成员国。2001 年，图瓦卢常驻联合国代表处在纽约曼哈顿成立。21 世纪以来，图瓦卢积极参加国际性组织和地区性组织，在国际会议上表达自己的主张。2007 年，在危地马拉举行的国际奥委会会议上，图瓦卢被邀请加入奥林匹克大家庭。2014 年 7 月 23 日至 8 月 3 日，图瓦卢派出一支队伍参加了在苏格兰举行的英联邦运动会。同年，8 月 16～28 日，图瓦卢派出队员参加了在中国南京举办的第二届夏季青年奥林匹克运动会。

第四节 著名人物

一 费亚陶·彭尼塔拉·迪欧爵士

费亚陶·彭尼塔拉·迪欧（Fiatau Penitala Teo），1911 年 7 月 23 日出生于图瓦卢首都富纳富提，1998 年 11 月 25 日去世，享年 87 岁。费亚陶·彭尼塔拉·迪欧是图瓦卢的重要政治人物。1945 年，迪欧被选为纽陶岛首领议会（House of Chiefs of Niutao）的首脑。首领议会是后殖民地时期的立法或咨询机构，由国家或地区政府认可并提供集会场所，代表公众对当局表达诉求。1978 年 10 月 1 日至 1986 年 3 月 1 日，迪欧作为图瓦卢第一任总督，代表英国女王伊丽莎白二世管理国家。1979 年 6 月，他被封为爵士。1986 年，

迪欧辞去总督职务后，刘宾纳（Tupua Leupena）继任总督。1997年6月29日，迪欧再次当选为首领议会首脑。他见证了图瓦卢从殖民地到独立国家的巨变，并负责管理国家。

1998年11月25日，费亚陶·彭尼塔拉·迪欧在富纳富提玛嘉烈公主医院逝世。他逝世的那一天，图瓦卢降半旗志哀，表示对他担任第一任总督时为国家做出贡献的认可。时任总督托马西·普阿普阿和总理比肯尼比尤·佩纽代表国家和政府为费亚陶·彭尼塔拉·迪欧举行了国葬。悼念宴会在酋长院举行，由迪欧的亲戚组织，很多政府高级官员参加悼念。

二　托阿利波·劳蒂爵士

托阿利波·劳蒂（Toaripi Lauti）是一等勋爵士，1928年11月28日出生，2014年5月25日去世，图瓦卢政治家。1978年10月1日至1981年9月8日担任总理，1990年10月1日至1993年12月1日担任图瓦卢总督。

劳蒂出生于巴布亚新几内亚的托阿利波村。他的父亲帕斯特·劳蒂（Pastor Lauti）是富纳富提环礁的牧师。1938～1944年，托阿利波·劳蒂就读于瓦伊图普环礁的学校。1945年，他被派往斐济的一所中学学习。1946年，他在维多利亚女王学院（Queen Victoria School）学习，这所学校于1947年被合并到新西兰奥克兰的卫斯理学院。1948～1951年，他在新西兰基督城的圣安德鲁斯学院学习。1952～1953年，他在基督城教师培训学院学习。1962～1974年，他担任英国磷酸盐专署在瑙鲁的劳资关系主任。1974年，他进入政界，并成为富纳富提环礁选区的议员。

1975年10月2日至1978年10月1日，他担任埃利斯群岛的首席部长。1978 年图瓦卢获得独立，他被任命为第一任总理，并于 1979 年被任命为枢密院议员。后来，托阿利波·劳蒂陷入了长期的舆论旋涡。因为他的决定，政府几乎将所有的钱投入了美国房地产，美国房地产推销员承诺在得克萨斯州购买土地能够得到 15% 的回报。然而，这场投资是一场骗局。虽然资金最终被美国政府机构收回，但是这场舆论导致人们对劳蒂的判断力失去信心。1981 年 9 月 8 日，图瓦卢举行独立后的第一次选举，托阿利波·劳蒂选举失利。

托阿利波·劳蒂还担任过富纳富提环礁市镇理事会主席和图瓦卢语言委员会委员。1990 年 10 月 1 日至 1993 年 12 月 1 日，他担任图瓦卢总督。1990 年，他被授予圣迈克尔和圣乔治骑士十字勋章。

三 比肯尼比尤·佩纽

比肯尼比尤·佩纽 1956 年 5 月 10 日出生于吉尔伯特群岛，图瓦卢政治家。他担任过两届图瓦卢政府总理，时间分别为 1989 年 10 月 16 日至 1993 年 12 月 10 日、1996 年 12 月 24 日至 1999 年 4 月 27 日。

1989 年，比肯尼比尤·佩纽在图瓦卢议会中获得了补选席位，为他走上政治道路提供了机遇。1989 年 3 月 26 日，图瓦卢议会举行选举，比肯尼比尤·佩纽在大选中获胜，成为图瓦卢历史上最年轻的总理。1989 年 10 月 16 日，佩纽成立了一个五人内阁。

1993 年 9 月 22 日，总督宣布解散议会。11 月 25 日，图瓦卢举行新一届总理选举。然而，在议会中支持比肯尼比尤·佩纽和普阿普阿的议员各占一半。12 月 10 日，卡穆塔·拉塔西（Kamuta

Latasi）以 7∶5 的绝对优势战胜了佩纽，当选总理。1996 年 12 月
24 日，政府通过了对卡穆塔·拉塔西的不信任案，他被迫辞职。
之后，佩纽第二次当选总理。相比于卡穆塔·拉塔西，佩纽很少公
开表达自己的政治倾向。在他第二次担任总理期间，人们在图瓦卢
的国旗设计问题上出现了争议。1997 年 12 月 18 日，议会被解散，
换届选举于 1998 年 3 月 26 日举行。佩纽在 1998 年 4 月 8 日再次当
选总理。1999 年 4 月 27 日，政府通过了对佩纽的不信任案，他被
迫辞职。艾奥纳塔纳·艾奥纳塔纳（Ionatana Ionatana）当选总理。

至今，在图瓦卢历史上，佩纽是唯一一位担任两届政府总理且
非连任的人物。2006 年佩纽卸任努库莱莱环礁选区的议会议员一
职。他还担任过财政部部长，为萨乌法图·索波阿加（Saufatu
Sopoanga）和马蒂亚·托阿法（Maatia Toafa）两届总理做过经济规
划。佩纽在 2006 年的大选中没能继续担任议会议员。他面临的挑
战不仅来自纳莫力克·苏亚力克（Namoliki Sualiki），还来自他的
兄弟拉法塔·佩纽（Iefata Paeniu）和侄子卢克·佩纽（Luke
Paeniu）。在 2006 年议员大选中，佩纽获得 65 票，领先拉法塔·
佩纽 1 票，领先卢克·佩纽 44 票，但是苏亚力克获得 109 票，成
功当选议员。

四　伊奥科巴·依塔雷里

伊奥科巴·依塔雷里（Iakoba Taeia Italeli）是图瓦卢政治家，
第十任总督，曾荣获圣迈克尔和圣乔治骑士十字勋章。2006～2010
年，他在阿皮塞·耶雷米亚（Apisai Ielemia）政府担任教育、体育
和卫生部部长。2010 年 4 月 16 日开始担任图瓦卢总督。

依塔雷里来自努伊环礁。努伊是个多语选区，依塔雷里的图瓦

卢语、英语、基里巴斯语都非常好。在 2010 年 9 月的议员大选中，他的弟弟以赛亚·依塔雷里也当选了努伊环礁选区的议会议员，并随后成为议会议长，后当选工程和自然资源部部长。

2013 年，依塔雷里面临政治危机。6 月 28 日，时任总理维利·泰拉维政府失去了一个关键补选机会，从而失去了议会的多数支持。反对派随后获得了多数席位，并要求总理立刻重新召开议会。泰拉维回应称，根据宪法，政府已召开过每年一届的议会，在 2013 年 12 月前他没有义务建议总督再次召开议会。7 月 3 日，反对派转向支持依塔雷里。8 月 1 日，反对派再次呼吁总督让前反对党领袖埃内尔·索波阿加（Enele Sopoaga）担任总理，以取代泰拉维政府，并重新举行议会选举。8 月 2 日，依塔雷里允许举行对于泰拉维政府的非信任投票。同日，泰拉维宣布他已写信给国家元首伊丽莎白二世，建议她取消依塔雷里的总督职位，同时宣布依塔雷里"被解雇"。但是，伊丽莎白二世对泰拉维的信没有做出回应，相当于支持了依塔雷里的决定。依塔雷里保住了政治地位，泰拉维政府解散。

五　埃内尔·索波阿加

埃内尔·索波阿加出生于 1956 年 2 月，是第九届政府总理萨乌法图·索波阿加的弟弟，第十四届、第十五届图瓦卢政府总理。1980 ~ 1986 年，埃内尔·索波阿加在社会服务部工作。1986 年，他成为社会服务部部长助理。1990 年，埃内尔·索波阿加从牛津大学毕业，获得外交学专业学士学位。随后，他又在英国苏塞克斯大学获得硕士学位。埃内尔·索波阿加和他的妻子共育有三个孩子。

1991～1992 年，埃内尔·索波阿加担任外交部和经济计划部代理部长。1992～1995 年，他担任外交部常任秘书长，负责处理图瓦卢与欧盟国家之间的事务。此外，他还担任过图瓦卢驻斐济、巴布亚新几内亚、萨摩亚的高级专员。[①] 2001～2010 年，他担任图瓦卢常驻联合国代表。在此期间，他还担任过地区性国际组织小岛国家联盟副主席。他在阐述气候变化带来的危险方面具有独到见解，被称为"图瓦卢气候变化谈判代表"。他在图瓦卢和太平洋岛国很有名气。他曾在哥本哈根联合国气候变化大会上担任联合国主要发言人，是全球气候变化行动的首席谈判代表之一。图瓦卢也因其强势宣传而备受世界关注。他向大会提议修改《联合国气候变化框架公约》，要求所有国家限制工业气体排放量，这项提案被驳回。

2010 年，他当选努库费陶环礁议员，担任政府副总理兼外交部部长，他代表图瓦卢参加了墨西哥坎昆联合国气候变化大会。2010 年 12 月，在议会选举中，索波阿加输给了泰拉维，成为反对党领袖。他继续呼吁政府要积极应对气候变化问题，提出采取"自适应技术"，解决居民在本土可持续生存问题，摆脱图瓦卢对捐助国的依赖。2011 年 6 月，他和合伙人创办了报纸《风的故事》（*Story of the Wind*），采用图瓦卢语和英语出版周报，一次印发 200份。2012 年初，他批评泰拉维政府与有主权争议的国家、地区建立外交关系。索波阿加认为，与特定国家和地区建立外交关系应由议会决定，而不是由内阁决定。

2013 年 8 月，议会通过了对泰拉维政府的不信任案，索波阿

---

① 太平洋岛国之间互相派驻高级专员，地位相当于驻外大使。

加成为"看守政府"总理。在随后举行的议会选举中，索波阿加当选图瓦卢第十四届政府总理，组建了新的内阁。他在就职宣誓中表示，将确保图瓦卢在对抗气候变化问题上发出强有力的声音。他高调提倡图瓦卢政治家回到内阁任职，任用了在前任政府中工作的部长。索波阿加认为，图瓦卢为了避免受海平面上升的影响而举国搬迁是一个错误的决定，必须在全世界发动公众舆论，邀请有道德的人来主持正义。2013 年 9 月，索波阿加签署了《马朱罗宣言》，承诺图瓦卢在 2020 年 100% 使用可再生能源发电。2014 年 1 月，索波阿加政府建立了国家气候变化顾问委员会，目的是提升现有能源的使用效率，增加对可再生能源的投入，鼓励私营部门和非政府组织减少温室气体排放，确保政府能应对气候变化，减少灾害风险，鼓励私营部门和非政府组织研发适应气候变化的本地适宜技术。2014 年 12 月，在秘鲁召开的联合国气候变化大会上，索波阿加强调："气候变化是我们国家面临的最大挑战。它威胁着图瓦卢人的生活、安全、健康。"2015 年 4 月，图瓦卢举行议会大选，索波阿加当选第十五届政府总理。

六 亚尤尼斯·梅基·斯麦提

亚尤尼斯·梅基·斯麦提（Aunese Makoi Simati）出生于 1967 年 4 月 22 日，图瓦卢外交官，2012 年任图瓦卢常驻联合国代表。他曾就读于新西兰怀卡托大学，取得社会科学（经济学、地理学）硕士学位。他曾是一名公务员。1991～2003 年在财政、经济计划和产业部工作，1999 年担任该部门高级助理秘书，2003 年晋升为通信和交通运输部署理常任秘书长，2005 年进入民政事务和农村发展部的常任秘书部。2006 年，他回到了财政、经济计划和产业

部，担任常务秘书。

2009 年，他开始了外交官生涯，被任命为外交部常务秘书，在总理办公室工作。当时的总理是阿皮塞·耶雷米亚。2010 年，他被任命为图瓦卢驻斐济高级专员。2012 年 12 月 20 日，他向联合国秘书长潘基文递交了国书，担任图瓦卢常驻联合国代表。他同时担任图瓦卢驻美国大使，2013 年 1 月 14 日向美国总统奥巴马递交了国书。

七　图亚尤·拉普阿·拉普阿

图亚尤·拉普阿·拉普阿（Tuau Lapua Lapua）1991 年 4 月 15 日出生，图瓦卢举重运动员。2010 年，在印度新德里举行的英联邦运动会 62 公斤级举重比赛中，他进入男单决赛，列第 15 位。2012 年，他在伦敦奥运会男子 62 公斤级举重比赛中，列第 12 位。2013 年，在太平洋地区国家比赛中，他参加了男子 62 公斤级举重比赛，获得了首枚金牌。这枚金牌意义重大，这是图瓦卢运动员首次在国际重大体育比赛活动中赢得金牌。同时，他还在男子 62 公斤级挺举比赛中获得了铜牌，并在全能赛中获得银牌。

第三章

政　治

图瓦卢是君主立宪制国家，英国女王是图瓦卢的国家元首，总督代表女王行使职权。截至 2015 年 10 月，图瓦卢自独立以来产生了十任总督。议会是国家最高立法机关，总理经议会选举产生，截至 2015 年 10 月，图瓦卢已产生十五届政府总理。内阁由总理、副总理和 4 名部长组成，对议会负责。国家元首可以根据总理的建议，安排总理、副总理或其他部长履行的职责。

第一节　国体与政体

一　历史演变

1976 年，图瓦卢完全脱离吉尔伯特和埃利斯群岛殖民地。1978 年独立后，图瓦卢实行君主立宪制。君主立宪制，又称"虚君共和"，是相对于君主独裁制而言的一种国家体制。在保留君主制的前提下，通过立宪，树立人民主权，限制君主权力，实现事实上的共和政体。其特点是国家元首是一位君主，君主是终身制的，君主的地位高于国家其他公民，君主可以世袭。图瓦卢宪法于 1978 年 10 月 1 日国家独立时生效，按宪法规定，图瓦卢为英联邦

成员国。英国女王根据总理推荐任命总督，代其行使权力。总理由议员选举产生，内阁对议会负责，由总理、副总理和 4 名部长组成。总检察长为政府的主要法律顾问。1986 年 6 月，图瓦卢修改宪法，总督失去对政府所提建议的否决权。

二　国家元首

英国女王是图瓦卢的国家元首，享有行政权。英国女王并不住在图瓦卢，而是在总理的建议下任命一名总督代她行使职权。国家元首是图瓦卢统一的象征，国家元首应受到尊重。在符合图瓦卢宪法或任何议会法令的情形下，作为国家元首的君主特权和职权可通过任命的总督来行使。总督在代为行使职权时，要根据内阁的忠告或其他部长经内阁的一般授权或特别授权而提出的建议来进行。

在赦免权方面，国家元首可以根据内阁的建议，赦免任何违法的行为人，或者按照一定的法定条件赦免部分违法的人。对于那些不是在图瓦卢本国犯罪或违法的人员，在一定的条件下可以予以释放。国家元首可以准许罪犯的罚期无限期推迟执行，或在一个明确时间内推迟执行，也可以对那些应受惩处的人给予较轻处罚。但是，若对犯罪人实行宽恕，总理应向议会提交一份阐明履行该权力的详细报告。

在人事职权问题上，国家元首享有下属法院地方法官人事任免权。国家元首按照公务委员会的建议，并取得"法院院长或由他为此目的而授权的人员的一般或具体同意"，才能行使这一职权。政府秘书长、总检察长、警察局长均由国家元首按照公务委员会同内阁商讨后所提出的建议任命。

三　总督

总督 （The Governor General） 由女王根据总理的提议任命，代表国家元首行使职权。总督必须是图瓦卢公民，由总理同议员协商之后向女王提出建议，然后女王根据总理的推荐来任命。在图瓦卢，只要年龄在50～65岁，符合当选议员的资格，都可以被任命为总督。总督在履行其职权前，要进行表示效忠的宣誓或庄严保证。宣誓或庄严保证应在高等法院院长或由高等法院院长为此目的而指定的人的面前进行。当英国女王不在图瓦卢，或女王不能履行其职权时，总督可以履行国家元首的职权。

为了维护总督的权威，总督在行使职权期间，任何法庭不得质疑总督是否遵守了女王的意志、意见或决定。此外，人们无权向女王提出反对总督履行职权的上诉或请愿。总督还有权从总理那里获得图瓦卢政府平时工作情况的通报，可以向总理询问关于图瓦卢政府的任何具体事务。在总督之职空缺时，比如总督不在图瓦卢或总督因为任何原因不能履行其职权，可以设置代理总督，在任命代理总督时也要根据任命总督的方式来进行。如果总督不幸死亡或超过65岁，或者总督向议长提出书面辞职，或者四年任期已满，他就会失去总督职位。图瓦卢历任总督情况见表3－1。

表3－1　图瓦卢历任总督一览

任次	姓名	担任时间
第一任	迪欧 Fiatau Penitala Teo	1978年10月1日～1986年3月1日
第二任	刘宾纳 Tupua Leupena	1986年3月1日～1990年10月1日

续表

任次	姓名	担任时间
第三任	拉邬第 Sir Toaripi Lauti	1990 年 10 月 1 日～1993 年 12 月 1 日
第四任	希欧内 Tomu Malaefone Sione	1993 年 12 月 1 日～1994 年 6 月 21 日
第五任	孟努欧拉 Tulaga Manuella	1994 年 6 月 21 日～1998 年 6 月 26 日
第六任	普阿普阿 Tomasi Puapua	1998 年 6 月 26 日～2003 年 9 月 9 日
第七任	卢卡 Faimalaga Luka	2003 年 9 月 9 日～2005 年 4 月 15 日
第八任	特利托 Filoimea Telito	2005 年 4 月 15 日～2010 年 3 月 19 日
第九任	卡穆塔·拉塔西 Kamuta Latasi	2010 年 3 月 19 日～2010 年 4 月 16 日
第十任	依塔雷里 Iakoba Taeia Italeli	2010 年 4 月 16 日至今

第二节　宪法与选举制度

一　宪法

1. 宪法发展史

《图瓦卢主权国家宪法》于 1978 年 7 月 25 日正式通过，于 1978 年 10 月 1 日国家独立时开始生效。1986 年，议会通过一部新的《图瓦卢宪法》。宪法是国家的最高法律，所有其他法律都不能违背宪法。

图瓦卢独立时，总检察长约翰·F. 威尔逊（John F. Wilson）

建议处于独立过渡时期的图瓦卢出席在伦敦马堡大厦举行的制宪会议。总检察长亲自到图瓦卢每个岛走访,解释宪法。1986 年,图瓦卢通过了宪法修正案,更加关注图瓦卢人的习俗、传统以及价值观。这次宪法的重大变化体现在突出了图瓦卢的群体价值,而不是西方概念下的个人权力,宪法序言增加了对宪法原则的解释,图瓦卢人的价值观体现在对基督教原则的遵守上。例如,图瓦卢人承认上帝是全能的、永恒的主,是一切美善之物的主。人们在主的眷顾下,寻求他们自己的幸福生活。图瓦卢作为一个独立的国家,建立在基督教原则、法治以及图瓦卢自己的传统、风俗、价值观之上。

2. 宪法原则

《图瓦卢宪法》的原则[1]

第一,载于序言的独立宪法原则已再次得到确认,并重新运用。

第二,无论现在和将来,图瓦卢人所享有的权利,包括充实、自由、幸福的生活,道德的、精神的、私人的物质福利,均被认定为上帝所赐。

第三,图瓦卢应确立在社会中寻求和平和物质财富的观念。图瓦卢人都承认,在上帝的指引下,图瓦卢社会的稳定,以及图瓦卢人的幸福生活,无论现在和未来,在很大程度上依赖图瓦卢价值观、文化和传统的延续,包括岛屿社区的身份认同和活力,以及各岛屿之间的合作、互助和团结态度。

第四,在所有价值中,图瓦卢人寻求维护社区的传统形式、家

---

[1] Principles of the Constitution,http://www.tuvaluislands.com/const_ tuvalu.htm.

庭的力量、家法的作用。

第五，图瓦卢处理政府和社会事务的普遍指导原则是协议、礼貌和寻求共识，要求与图瓦卢传统相一致，而不是对抗和分裂；不同的部门之间要相互尊重和合作，包括中央政府、传统势力、地方政府、主管机关以及宗教部门。

第六，图瓦卢人的生活和法律体现人的尊严，接受并尊重图瓦卢的价值观和文化。

第七，在一个不断变动的世界，伴随着不断变化的需求，这些原则和价值观，以及它们表达（尤其在法律和行政事务方面）的方式和形式也会逐步改变。宪法不仅认识到图瓦卢人基础生活的重要性，而且绝不能妨碍他们愿望的表达。

在上帝的指引下，这些原则被宪法肯定和采纳，并且作为指导原则适用于各级政府和组织生活。

3. 宪法的内容

《图瓦卢宪法》是该国的最高法律，宪法规定了图瓦卢人的基本权利，以及对基本权利和自由的保护，所有其他法律应根据宪法来制定和实施。任何违背宪法的法令均属无效。

宪法对图瓦卢社会各个方面做了详细规定，包括对图瓦卢疆域的界定。历史上，图瓦卢长期受到外国的侵略，被其他国家奴役，宪法充分体现了图瓦卢人热爱和平、寻求和平的愿望。图瓦卢积极寻求和平和广泛的福利事业。在宪法中，图瓦卢现在和将来社会稳定、人民的幸福及福利在很大程度上依赖图瓦卢对价值观、文化和传统的维护，依赖岛屿社区的生命力、统一性以及社区内部的合作、互助和团结。除此之外，宪法还规定，图瓦卢的生活和法律应建立在尊重人权和接受并尊重图瓦卢的价值观和传统文化的基础之上。

《图瓦卢宪法》第三章规定，"取得、改变或保留国籍的权利同等地适用于男子和妇女"。宪法不允许图瓦卢人拥有双重国籍。任何与外国人结婚的图瓦卢公民不会失去图瓦卢国籍，除非其选择放弃图瓦卢国籍，或者已经拥有另一国国籍。① 《图瓦卢宪法》规定，在图瓦卢出生的人根据出生地取得图瓦卢国籍；在图瓦卢以外地方出生的人，如果在他出生时父母双方有一方是图瓦卢公民且没有死亡，他便是图瓦卢公民，可以取得图瓦卢国籍。

二 选举制度

图瓦卢的选举活动与个人、家庭以及社会地位有密切联系。年满 18 岁的图瓦卢人都有选举权，图瓦卢有非常严格的选举制度和选举程序。所有图瓦卢公民，无论性别，只要符合宪法之规定，都有权在议会选举中投票。② 但是，为行使他的投票权，此人必须在选举地区进行登记。即使某人有资格投票，但是如果他在特定选举登记期内没有登记，也会丧失投票权。

尽管法律为男子和妇女提供平等的选举机会，但是妇女在参选时必须克服文化障碍。这些障碍包括以下五点。（1）基于对妇女角色的传统认识，她们被作为家庭的持家者、照料者而局限在家庭里。（2）说服丈夫和大家庭成员支持她参与政治需要做出很大的努力。（3）经济制约。妇女通常没有充足的资金用于竞选活动。实际上，

---

① 《国籍法案》第九十八章规定，如果子女选择图瓦卢国籍，图瓦卢母亲和外国父亲所生子女仍然有权取得图瓦卢国籍。无论是合法结婚的夫妻所生子女还是非婚生子女，该规定都适用。这体现了男女平等的原则。

② 《图瓦卢宪法》第九十至九十二条。

候选人投入的钱越多，他赢得的票数一般也越多。（4）投票的性质也造成了妇女被边缘化。投票主要基于亲属和家族，议会没有向妇女单独分配议席名额，妇女越来越被边缘化。（5）候选人经常单独竞选，或者在一些情况下与候选同伴合作，候选同伴很可能是相同选区内的近亲。由于候选人数量非常少，单独竞选或者合作对妇女竞选都不利。

以上情况说明，虽然拥有平等的竞选机会，但是妇女在正式部门工作的人数非常少。为帮助妇女建立信心，促进妇女更好地参与包括议会在内的正式决策机构，国际妇女组织和图瓦卢政府对妇女进行了适当的培训，鼓励妇女有效地参与和领导其他决策机构。但是，改变人们对性别问题的传统看法和态度非常难，为此，政府准备制定实现就业机会平等的政策和制度，并把改变性别观点纳入地方政府的施政培训之中。

1986 ~ 1993 年，只有一位女性当选议会议员。她是代表纳诺梅阿环礁选区的纳亚马·马和尤·拉塔西（Naama Maheu Latasi）女士。她在第一个任期内被任命为卫生、教育和社区服务部部长。拉塔西女士是纳诺梅阿环礁一位著名政治家的女儿，她广泛参与选区的社会发展和提高图瓦卢妇女地位的活动，在家人的大力支持下，她得以进入议会。她连续担任两届议会议员。此后一段时期内，尽管其他妇女也参加了议员竞选，但是没有其他妇女被选入议会。2002 年，有两名女候选人参选，但最终都未当选。2006 年的议员选举中又有两名女候选人参选，但最终都落选了。

2010 年 9 月 16 日，图瓦卢举行议员选举，共有 26 名候选人竞逐 15 个席位。17 日大选结果揭晓，获胜的 15 名议员中有 5 人是新当选的议员，上届议员中有 10 人再次当选，但没有女性议员。1978 ~ 2015 年图瓦卢议会中男性、女性议员人数情况见表 3 - 2。

表 3 - 2　1978 ~ 2015 年图瓦卢议会中男性、女性议员人数一览

时间	男性	女性	总计
1978 ~ 1981 年	12	0	12
1982 ~ 1985 年	12	0	12
1986 ~ 1989 年	14	1	15
1990 ~ 1993 年	14	1	15
1994 ~ 1997 年	15	0	15
1998 ~ 2001 年	15	0	15
2002 ~ 2005 年	15	0	15
2006 ~ 2009 年	15	0	15
2010 ~ 2012 年	15	0	15
2012 ~ 2015 年	15	0	15

2006 年 2 月，太平洋岛国论坛秘书处开展了关于图瓦卢妇女参与政治情况的研究。调查结果表明，图瓦卢社会结构、传统和文化被认为是影响妇女进入政治领域的主要障碍。人们对选举制度了解有限，许多人不了解选举法的规定；妇女对她们能够参与决策缺乏信心；妇女缺乏竞选活动所需的资金，也在一定程度上制约了女性进入政治领域。[①]

从一些案例来看，图瓦卢的选举制度还是比较完善的，一些有能力的人能够进入权力中心，杰出人物拥有上升空间。

第三节　政府

1975 年，作为迈向独立的第一步，图瓦卢建立了独立的立法

---

① 太平洋岛国论坛秘书处：《妇女在议会中的地位》，2006，第 250 页。

机构和行政机构。随着图瓦卢走向独立，这些机构成为国家治理的基础。中央权力机构和地方政府机构的有效运作，保证了国家机器的正常运转。

一　总　理

总理是政府首脑，由议会议员选举产生，总理之下设若干名部长。根据总理的提议，国家元首可任命副总理同时兼任部长的职务，但其必须是议员。当总理被投不信任票或总理主动向国家元首提出辞呈时，他将不再担任总理之职。当总理被认为无能力履行其职责时，国家元首可以与部长们商议解除总理的职务。但是，国家元首并不能直接解除总理的职务，还需要经过议长、内阁进行层层讨论。当然，这一切必须从图瓦卢的国家利益出发。像总督可以设立代理总督一样，也可以设代理总理。当总理不在图瓦卢，或因任何其他原因总理不能履行其职责时，代理总理可以履行总理的职责，一般副总理代理总理之职。如果尚未设副总理之职，或副总理之职空缺，或副总理不在图瓦卢，或副总理因任何其他原因不能履行总理职责，国家元首可以按照总理的建议任命一位部长代为履行总理职责。图瓦卢历届总理见表3-3。

表3-3　图瓦卢历届总理一览

届次	中文姓名	英文名	任职时间	党派	备注
第一届	托阿利波·劳蒂	Toalipi Lauti	1978年10月1日～1981年9月8日	无党派	
第二届	托马西·普阿普阿	Tomasi Puapua	1981年9月8日～1989年10月16日	无党派	

届次	中文姓名	英文名	任职时间	党派	备注
第三届	比肯尼比尤·佩纽	Bikenibeu Paeniu	1989 年 10 月 16 日 ~ 1993 年 12 月 10 日	无党派	
第四届	卡穆塔·拉塔西	Kamuta Latasi	1993 年 12 月 10 日 ~ 1996 年 12 月 24 日	无党派	
第五届	比肯尼比尤·佩纽	Bikenibeu Paeniu	1996 年 12 月 24 日 ~ 1999 年 4 月 27 日	无党派	
第六届	艾奥纳塔纳·艾奥纳塔纳	Ionatana Ionatana	1999 年 4 月 27 日 ~ 2000 年 12 月 8 日	无党派	
代理	拉吉图普·图伊利穆	Lagitupu Tuilimu	2000 年 12 月 8 日 ~ 2001 年 2 月 24 日	无党派	
第七届	法伊马拉加·卢卡	Faimalaga Luka	2001 年 2 月 24 日 ~ 2001 年 12 月 14 日	无党派	
第八届	考鲁阿·塔雷克	Koloa Talake	2001 年 12 月 14 日 ~ 2002 年 8 月 2 日	无党派	
第九届	萨乌法图·索波阿加	Saufatu Sopoanga	2002 年 8 月 2 日 ~ 2004 年 8 月 27 日	无党派	
第十届	马蒂亚·托阿法	Maatia Toafa	2004 年 8 月 27 日 ~ 2006 年 8 月 14 日	无党派	2004 年 8 月 27 日 ~10 月 11 日代理
第十一届	阿皮塞·耶雷米亚	Apisai Ielemia	2006 年 8 月 14 日 ~ 2010 年 9 月 29 日	无党派	
第十二届	马蒂亚·托阿法	Maatia Toafa	2010 年 9 月 29 日 ~ 2010 年 12 月 24 日	无党派	
第十三届	威利·泰拉维	Willy Telavi	2010 年 12 月 24 日 ~ 2013 年 8 月 1 日	无党派	
第十四届	埃内尔·索波阿加	Enele Sopoaga	2013 年 8 月 1 日 ~ 2015 年 4 月 10 日	无党派	2013 年 8 月 1~5 日代理
第十五届	埃内尔·索波阿加	Enele Sopoaga	2015 年 4 月 10 日至今	无党派	

二　内阁

内阁由总理、副总理和 4 名部长组成，对议会负责。国家元首可以根据总理的建议，制定总理或其他部长应该履行的职责。内阁召开会议时，由总理或被指定为代理总理的部长召集。当总理在时，总理应该参加并主持内阁的所有会议；当总理不在时，由副总理代替总理主持内阁会议；当副总理也不在时，应由推选出来的部长主持内阁会议。一般情况下，参加会议的人数需要达到法定人数，即使个别成员缺席，内阁也可以处理任何事务。任何法庭不得就内阁是否遵守规定的制度提出质疑。

根据《图瓦卢宪法》和《议事规则》，司法部长可以出席内阁、议会及其委员会的所有会议，但是无投票权。政府秘书负责协调政府各部委和办公室的工作，也出席所有的内阁会议，除非总理不允许其出席该会议。

图瓦卢内阁下设的具体部门包括：外交部，卫生部，教育、体育和文化部，贸易、旅游和商务部，财政和经济规划部，民政和农村发展部，地方政府、妇女和青年部，交通运输部，自然资源与环境部。

内阁与议会之间存在互动关系。议会是大选的结果，内阁由议会产生，内阁成员从议员中选举产生。一旦总理被议会投了不信任票或者失去了议会的支持，总理必须下台，内阁重组。当然，议会与内阁之间也相互制约，总理可以提议解散议会，重新进行选举。

三　公务委员会

图瓦卢政治机构中还设有公共服务委员会，简称公务委员会。

公务委员会由一名主席和其他三位成员组成。公务委员会成员由国家元首按照内阁的建议任命。议员、议员候选人、政府公务人员、事业单位公务人员以及在按议会法令设立的职位上工作的人员都不能被任命为公务委员会成员。公务委员会负责所有与公共部门有关的人事事务，以及公务委员会法令规定的有关国家事业和其他政府机构的事务。经公共事业部部长批准，公务委员会可以以书面形式将部分职权授予成员。职权可以普遍使用，或者根据授权文件在某特定地区使用。

公务委员会成员的工资和津贴由国家统一支付，但是他们需要缴税。公务委员会成员任期四年。公务委员会成员被免职，或已向国家元首递交了辞呈，都不会再被聘用。公务委员会法令规定了成员的工作纪律，以及晋升、降级、调换职务、调换地区、停职、终止雇佣等。公务委员会成员在任何时间都要向公共事业部部长负责，工作范围之内的任何事务向内阁报告或提出建议。公务委员会也具有独立性。例如，在人事事务中，公务委员遵循内阁下达的指示，除此之外，公务委员不受其他任何人员的管理。

四 部长和政府秘书

部长由国家元首根据总理推荐任命，部长的人数有一定的限制，部长的人数不应超过议员总数的1/3。如果部长去世或者部长主动向国家元首递交辞呈，或国家元首根据总理的建议将部长解职，部长之职即为空缺。当然，根据工作需要可以设置代理部长，代理部长有一定的条件限制。

政府秘书是与内阁相关的成员。政府秘书作为公共事业中的一个职位，除了得到总理的许可或按照总理授权不参加会议外，政府

秘书应出席内阁所有的会议。按照内阁的指示，"政府秘书负责政府各部和部门间的协调工作"。但是，当收到政府秘书的辞呈时，总理不能专断，而是应该通知公务委员会，由公务委员会将辞呈呈递给国家元首批准。

各部也有秘书，《图瓦卢宪法》对此做了明确规定，"秘书是指任何部、政府部门、其他首长的秘书，他们直接向部长负责，但不包括政府秘书长"。秘书可以从公务委员会以外的人员中任命，也可以从某些其他职位上晋升或调动。秘书的任命须经内阁同意。内阁可随时要求公务委员会向国家元首提出建议，任命某人为秘书长，秘书长必须为国家公职人员。如果公务委员会认为国家公职人员以外的人员有明显的优势，也可以推荐给国家元首。

五　审计长

《图瓦卢宪法》规定设立审计长一职。审计长应由国家元首按照公务委员会的建议任命，并经议会批准。审计长具有独立性，在履行职责时，不受任何其他人或机构的制约。审计长的职责是进行项目审计，就图瓦卢的公共账目、公共资金、财产、贸易等财政情况每年至少向议会报告一次。审计范围包括政府的部、下辖部门、媒体部门等按照议会法令、政府行政管理条例所设立的一切机构。审计长可以对相关机构的账户、财务或财产情况进行审计，并向议会递交审计报告。审计长的职权可由其本人亲自行使，也可以由对审计长负责的官员按照审计长的具体指示行使。

六　财政事务

图瓦卢的财政事务由议会负责。根据议会法令，政府的筹款、开支都处在议会的监督之下。国家预算包括政府收入预算、政府支出预算。除经一位部长建议，议会不得允许政府通过增加税收来筹集款项，以满足公共资金支出的需要。当然，议会可以削减公共资金支出。

图瓦卢设有统一资金收支账户，在符合任何议会法令的条件下，所有的公用款项要从此账户支付。对于不属于统一资金账户支出的其他公共资金，将按照议会法令的相关规定进行处理。所有政府资金或由政府控制的资金均应按照法律规定进行记账登记。如果不符合宪法、议会法令以及按照议会法令做出的规定，政府控制的任何资金均不得被使用。

总督、议长、总理、部长、议会议员、高等法院的法官、总检察长、审计长、警察局长、公务委员会成员的工资，以及议会法令所明确规定的工资、酬金、津贴，从国家统一资金账户支付。

七 地方政府

图瓦卢地方政府包括酋长院和岛屿理事会。

1. 酋长院

图瓦卢人高度重视他们的文化遗产。他们居住在各个岛屿的社区内，其社会结构随着"酋长"或"岛屿领袖"实施的政策而改变。酋长资格从其父系家族继承而来，而岛屿领袖则由人民选举产生。酋长必须是一个正直的人，在社区里有着很高的名望，应能够领导社区社会和经济发展。在决策方面，社区各个部落的领导人协助和支持酋长或岛屿领袖。较年长的男子和妇女组成长老议会（也称为议会），大多数情况下，他们在 50 岁以上。社区或者岛屿内的重要决策都由长老议会做出。

各个部落的领导人在酋长院或传统议会中都留有一个席位。酋长院通常没有妇女席位，部落领导人大多数是男性，酋长院会议商议社区福利的问题，诸如向没有男性成员的家庭提供公共福利等。这一惯例确保了社区里每个人的生活，有助于维护和平与人民的福利。以男性为主导的酋长院会议源于男子和妇女在早期图瓦卢社会里的作用不同，妇女主要在家庭中发挥作用，学习编织篮子、席子、裙子等传统技能。这些文化惯例有助于维护和平、稳定。

酋长院是根据传统地方习俗和规范设立的。每个岛屿都有自己的酋长院，酋长院应遵守《酋长院法案》的规定。在各个酋长院的权力范围内，有一个地方政府理事会，即岛屿理事会。岛屿理事会执行酋长院的所有职能。1978 年，议会根据《1966 年地方政府法令》通过了《地方政府法案》。1997 年，政府出台了《酋长院法案》。因此，根据 1978 年法案设立的每个地方政府理事会都被废除，代之设立岛屿理事会。酋长院选举出的岛屿理事会主席被称为"岛屿领袖"。"岛屿领袖"负责批准岛屿理事会的议事程序、官员的任命、酋长院信托基金预算等。酋长院通过岛屿理事会维持秩序和保障地方政府平稳运行。在岛屿理事会的支持下，酋长院与农村发展部合作，制定岛屿社区发展计划，协调和监督发展项目，动员人民致力于发展，并确保酋长院正确利用自然资源。

2. 岛屿理事会

岛屿理事会由六名成员组成，他们由选民选举产生。岛屿理事会候选人不能是公务员。岛屿理事会成员任期四年，可以连任，但最多只能连续任职两届。岛屿理事会成员候选人条件包括：不是公职人员；不是未偿清债务的破产者；在参加岛屿理事会成员选举前5年内没有因为挪用200美元以上的酋长院资金而被判有罪；没有在服刑；没有被鉴定为患有精神病或被裁定为精神失常；没有因为任何选举犯罪而被判有罪；不是岛屿地方法官；不是土地法院或土地上诉陪审团成员；此人同意当选。① 岛屿理事会的运行与议会类似，制定符合岛屿传统的议事规程，下设常务委员会。常务委员会关注领域包括卫生、教育、农业、通信、运输、基础设施建设、社区预算和拨款等。尽管在大多数岛屿社区里，岛屿理事会没有妇女代表，但是1997年《酋长院法案》为妇女参与岛屿理事会常务委员会工作提供了机会。妇女参加常务委员会表明，她们为社区的进步和社会经济发展做出了宝贵贡献。

1997年《酋长院法案》进一步承认了酋长、政府直接管理岛屿事务的制度。中央政府和地方政府都不断加强传统习俗与现代管理制度之间、地方政府与国家机构之间的关系，鼓励社区居民更广泛地参与岛屿事务和社区发展。

3. 活动开展

为了促进岛屿发展和保障各地方政府机构的正常运转，岛屿理事会设立了岛屿资金账户。只要符合法律，岛屿理事会有权通过征收租金、国税、地方税，以及实施罚款、发放贷款等方式提高岛屿的收入。各个岛屿理事会需要编制年度预算，上报酋长院议会批准。中央政府每年也会向岛屿理事会划拨一定的资金，补充地方政府资金。有时，中央政府也向岛屿理事会提供办公设备和农业机械。

---

① 1997年《酋长院法案》第九条。

尽管酋长院没有妇女代表，但妇女的意见被认为通过其丈夫、兄弟或叔伯等男性代表转达。某些妇女知道她们有权就某些问题发言，她们偶尔也会在酋长院会议上发表个人意见。酋长院会议有时也积极征求妇女对社区事务的意见和看法。尽管存在文化惯例，根据 1997 年《酋长院法案》，地方政府应给予妇女更多的机会参与酋长院会议。但实际上，这取决于各个岛屿的文化传统。例如，在瓦伊图普环礁，35 岁以上的男子和妇女能够参加酋长院会议并投票。在努伊环礁和努库费陶环礁，只有 50 岁以上的男子才能参加会议并投票。在富纳富提环礁，任何年满 18 岁的公民都能够参加酋长院会议并对次要问题投票；重要问题被提交给大家庭首脑的专门议会。女性大家庭首脑可以参与决策，但是没有资格投票。

尽管《酋长院法案》为妇女参与酋长院正式决策铺平了道路，但它对各个岛屿的决策传统没有产生直接积极的影响，这些机构仍然排斥妇女。因为妇女从来没有出席过酋长院会议，她们也不愿意参与酋长院的工作。妇女认为酋长院会议是男子的领域，她们有自己的任务需要完成，例如家庭决策、文化技能的保存、传统手工艺传承、堆肥等。

第四节　立法与司法

一　立法

1974 年，图瓦卢宣布从吉尔伯特和埃利斯群岛殖民地分离出来时，图瓦卢的立法机构被称为议院（House of Assembly），图瓦卢语为 Fale I Fono。1978 年 10 月 1 日，图瓦卢宣布独立之后，才将名字改为议会（Parliament）。

议会在符合图瓦卢宪法的条件下，可以制定议会制度，以保证议事活动能够有序进行，使议员都有合理的机会来公平地发表意见。议会表决时，所有提交到议会的问题都应该由出席议会和参加表决的多数人来决定。议会议长在"政府不信任动议""修改议会法令议案"方面有最初表决权，但是没有最终决定权。任何议员都有资格向议会提出议案，进行议会辩论，向议会递呈请愿书等。

图瓦卢无正式政党，议员之间自行联合组成政团。议会中 15 名议员，分为执政（8 人）与在野（7 人）两派。这一点跟英国议会并无区别。根据每个岛屿登记的选民数量来决定这 15 个代表名额的分配，有的岛屿分 2 个，有的岛屿分 1 个。纽拉基塔岛没有议员名额，努库莱莱环礁人口较少，分得 1 个议员名额，其余 7 个岛各分配 2 个议员名额。

图瓦卢议会由议长、议员和议长秘书组成。议长从议员中选举产生。在每次大选或议长之职空缺后，国家元首应尽快根据总理的建议任命议长。议长选举要在总理选举之后进行，由议长秘书主持选举议长的会议。因此，在未选出议长之前，议长秘书代行议长的一切职权。当议长选出后，将选举结果报送给国家元首的人不是总理，而是议长秘书。在第一次议会会议开幕时，议长秘书向出席会议的议员宣布议长的任命，被任命者随即就座上任。只要议长在，所有的议会会议和议会委员会会议，都应由议长主持。议长要确保议会的事务按照宪法、任何适用的议会法令和议会程序规则进行处理。议长应该尽其最大努力保证议会会议有序进行；在议会会议中

不得使用辱骂性的语言，不得对议员进行人身攻击或滥用议会特权。此外，议长要公正地履行其职责，并有责任确保在处理议会事项时，所有的议员都有机会发表自己的意见。

如果议长递交了辞职报告或者有 2/3 的议员投票要求解散议会，那么议长之职就视为空缺。当议长不在图瓦卢或不能行使职权时，或者在议会休会期间，虽有代理议长，但是须由议长秘书来行使议长的职权。

议员是由图瓦卢成人公民投票选举产生的，但是在竞争原则下举行的议员选举，以秘密投票的方式进行。凡是图瓦卢公民，并且已年满 18 岁以及符合所规定的其他条件，都有资格作为议会议员选举的选民进行登记。当然，如果他在任何英联邦国家被法庭判处死刑（无论以何名义），而且尚未获得特赦，或被证明患有精神病，或按照任何议会法令被断定为精神失常，那么将不具备登记资格。

当选为议员，必须年满 21 岁。如果一个议员死亡或者主动提出辞职或者议会被解散，那么就会出现议员空缺。此外，如果"任何选区 50% 已登记的选民签署请愿书，递交国家元首，申明该选区的议员因体弱或脑疾而不能正当履行议员职责时"，该议员资格就可以被撤销。当出现上述情况时，国家元首要指定两名以上的资历较深的图瓦卢医师对该议员进行身体检查，并在选区进行走访调研。医师在联合检查后将检查报告呈递国家元首，国家元首参照报告做出判断，将结果书面通知选区。

议会中设立议长秘书和其他官员的目的在于更加公正地处理议会的事务，他们都属于国家公职人员。议会应按照内阁建议的时间与地点举行会议。当大选结束后，应该尽早召开议会会议，无论在任何情况下，议会应在大选结果宣布后的三个月内开会。

国家元首可以根据总理的建议在任何时间宣布议会休会。如果总理职位出现空缺，国家元首可以根据自己的判断决定是否解散议会。一旦议会被解散，直到新一届大选结果宣布时，议会应保持解散状态。如果在议会解散期间有重要事情需要处理，国家元首可以重新召集议会。议会的召集、议事程序和议会没有被解散时一样。召集、休会或解散议会的权力归总督，总督根据总理的建议做出决定。

与英国不同，图瓦卢实行一院制议会。一院制议会顾名思义就是议会只设一个议院，相较于两院制而言，一院制下立法和通过的议案比较简单。像丹麦、希腊、芬兰、新加坡、黎巴嫩、突尼斯、危地马拉、新西兰等国家均采用这种制度。一院制议会有优点也有缺点，一院制议会办事较有效率，比较符合民主政治的精神，立法机关内没有冲突，所以也就不易产生僵局。但是，一院制议会内没有权力牵制，难以预防多数决定制，和两院制议会相比，一院制议会不能很好地牵制行政部门的权力。一院制议会所代表的利益范围较小，难以做到周全，具有争议性的法案容易被通过。

图瓦卢虽然是一个小小的岛国，但是议员选举竞争异常激烈。1998 年 3 月进行的议员选举中，只有 7 名议员保住了自己的席位。比肯尼比尤·佩纽保住了他在努库莱莱环礁选区的议员资格，富纳富提环礁选区的卡穆塔·拉塔西在选举中失利，艾奥纳塔纳·艾奥纳塔纳成功地进入安全边界内。①

---

① 卡穆塔·拉塔西、比肯尼比尤·佩纽、艾奥纳塔纳·艾奥纳塔纳先后担任第四届、第五届、第六届政府总理。

在图瓦卢，议会享有很高的地位，"议会主权至上"是图瓦卢人的理念。在图瓦卢，议会拥有立法权，即按照法定程序行使制定、修改、废除法律的权力。另外，议会还拥有财政权和行政监督权。

二　司法

司法系统包括枢密院司法委员会、上诉法院和高等法院。高等法院也是常设初审法院。管辖权有限的初级法院包括地方法院、岛屿法院（Island Courts）、土地法院（Lands Courts）等。在图瓦卢，"法院"是指有司法裁判权的机构。上诉法院和高等法院拥有一般的审判权和上诉管辖权，地方法院是较低级的法院，它的职权受到限制。如果当事人不认同初级法院审理的民事案件和刑事案件结果，可以上诉至首都的高等法院；若当事人对高等法院之判决不认可，则可以向设在斐济的上诉法院提起上诉；若当事人对上诉法院的审理结果依然不认可，可以再上诉至英国的枢密院司法委员会，枢密院司法委员会具有终审权。

高等法院是上级法院，它有无限的初始审判权，确保图瓦卢法律的执行，并且保证能受理下级法院审理的上诉案件。根据《图瓦卢宪法》，高等法院具有一般管辖权。高等法院的司法权延伸到刑事和民事案件，处理一些初审案件或者不认可下级法院审理结果的上诉案件。图瓦卢有八个岛屿法院和土地法院。有关土地纠纷的案件可以向土地法院上诉委员会提出诉讼。岛屿法院及土地法院上诉委员会做出的裁决具有司法效力。如果涉案金额为1万美元及以上的民事案件，可以不经过岛屿法院审理，直接向高等法院提起诉讼。

1. 枢密院司法委员会

根据《图瓦卢宪法》第 136 条，当事人对上诉法院的判决不认可时，可以向枢密院司法委员会提出上诉。枢密院司法委员会对以下案件做出终审判决：

a. 有关宪法的解释或适用性问题的案件；

b. 有关宪法第二部分基本权利条款执行程序的案件；

c. 上诉法院认为涉及极具普遍性、重要公共性或者应提交枢密院司法委员会裁决的案件。

2. 上诉法院

上诉法院根据《图瓦卢宪法》第 134 条设立，它有权依法审理对高等法院判决结果不认可的民事申诉案件。但是，如果民事申诉案件属于仅与审理费用相关、允许延期上诉的判决、无条件同意对诉讼进行辩护的判决、根据法令规定高等法院判决为最终判决、高等法院关于刑事案件的判决等情况，上诉法院可以对该申诉案件不予受理。

3. 高等法院

高等法院根据《图瓦卢宪法》第 120 条设立，由图瓦卢首席法官和根据《图瓦卢宪法》第 123 条任命的其他法官组成。高等法院拥有以下权限：民事和刑事案件的无限管辖权；审理对地方法院判决不认可而提出的诉讼案件。审理特殊案件时需获得初审法院或上诉法院的同意；审理来自原住民土地上诉陪审团的上诉案件时，有权行使上诉法院的职权；有权对地方法院在诉讼过程中向它提交的法律问题做出判决；对下级法院具有监督权。

高等法院首席法官由公务委员会根据内阁的建议任命。首席法官是图瓦卢从其他国家聘任的，每年到富纳富提环礁两次，主持高等法院的开庭工作。

4. 地方法院

地方法院根据《地方法院法案》设立。① 它拥有以下权限。

审理涉案金额为 1 万美元以下的民事诉讼案件；发布通过的判决；审理对其他法院治安法庭判决不认可的民事和刑事上诉案件；仅从法律角度审理原住民土地上诉陪审团的上诉案件；审理离婚案件；审理涉案金额超过 10 美元的民事诉讼案件；审理来自岛屿法院的上诉案件；等等。

高级地方法院的司法管辖权不同于其他地方法院的司法管辖权。所有地方法院都仅有简易程序的司法管辖权。

高级地方法院审理的案件主要包括：判刑不超过 14 年、罚款 200 美元以上，或者既判刑不超过 14 年又罚款 200 美元以上的案件；司法管辖权明确授予高级地方法院或者有明确条款规定所述罪行是可以通过简易程序审判的案件等。

其他地方法院司法管辖权更为有限，审理的案件主要包括：判刑不超过 1 年、罚款 200 美元以内或者既判刑不超过 1 年又罚款 200 美元以内的案件；司法管辖权明确授予地方法院或者有明确条款规定所述罪行是可以通过简易程序审判的案件；受理来自所在地区岛屿法院的上诉案件。

5. 岛屿法院

每个岛屿上都有岛屿法院，从属于地方法院。岛屿法院在所在岛屿范围内行使民事讼案案件和刑事案件的司法管辖权。岛屿法院审理：离婚诉讼案件；因合同债权、民事侵权行为涉案金额不超过 60 美元的案件；根据《赡养法案》起诉的赡养案件；根据《儿童

---

① 根据《地方法院法案》第二章设立。

监护法案》起诉的儿童权益保障案件；等等。《岛屿法院法案》还列出了岛屿司法管辖权。岛屿法院可以审理罚款金额为 100 美元以内或判刑 6 个月以内的案件。

6. 土地法院

根据《原住民土地法案》，各个岛屿上都设有土地法院。土地法院由 6 名地方法官组成。土地法院负责审理与土地相关的诉讼，例如涉及土地租赁、继承等相关问题的案件。

7. 法官

法官是法院的重要组成部分，是司法权的执行者。法官要有丰富的法律知识和经验、具备法律工作的技能、高尚的个人品格。所有法官都由政府任命。

图瓦卢一般聘请其他国家的具有丰富司法经验的法官担任首席法官。由于高等法院首席法官并没有住在图瓦卢，所以高等法院一年开庭一次或两次，开庭时间主要取决于待审理案件的数量。戈登·沃德（Gordon Ward）、加文·多恩（Gaven Donne）曾担任图瓦卢的首席法官。2014 年 2 月，来自澳大利亚的汉·罗宾·米尔豪斯[①]（Hon. Robin Millhouse）被任命为图瓦卢首席法官。

第五节　政党、武装力量及社会组织

一　政党

由于图瓦卢人口较少，议会只有 15 个席位，所以图瓦卢没有

---

① 汉·罗宾·米尔豪斯出生于 1929 年 2 月，曾任澳大利亚的总检察长，第一届澳大利亚民主党国会议员，曾兼任基里巴斯和瑙鲁的首席大法官。

正式的政党。换句话说，图瓦卢的政治系统是建立在个人联盟、家族的忠诚、家庭关系的基础之上，具有无党派民主的特征。

二 武装力量

图瓦卢没有正式的军事力量，也没有在军事方面进行投入。图瓦卢有警察部队和海上巡逻队。海上巡逻队执行海上巡逻、救援、监视任务。警察部队拥有太平洋巡逻艇编队（Pacific Class Patrol Boat）[①]，由澳大利亚出资建设，属于太平洋巡逻艇计划项目（the Pacific Patrol Boat Program）的一部分，主要用于海事侦查和渔业资源保护。

警察部队的职责是维护社会治安和行政执法，维护图瓦卢的安全，协助海事部门进行海上搜寻与救助。警察部队由 56 名男子和 4 名女子组成，其中 2 名女性警察曾参与了在所罗门群岛的维和任务。[②]

三 社会组织

1. 非政府组织

图瓦卢非政府组织在很大程度上由妇女主导，例如图瓦卢全国妇女理事会、图瓦卢非政府组织协会、图瓦卢家庭健康协会、图瓦

[①] 太平洋巡逻艇编队由澳大利亚出资建设，共有 22 艘巡逻船，捐赠给南太平洋 12 个岛国。巡逻船主要用于海岸警卫队、警察部队巡逻。图瓦卢的巡逻艇名为 Te Mataili，1994 年 10 月交付使用。2014 年 6 月，澳大利亚政府宣布将投入 20 亿澳元更新这支编队，用 20 艘新舰艇取代服役的舰艇。

[②] 驻所罗门群岛地区援助团成立于 2000 年，是由澳大利亚领导的在所罗门群岛进行维和任务的部队，旨在帮助所罗门群岛恢复和平。由来自澳大利亚、新西兰和其他太平洋岛国的警察和军人组成。

卢企业妇女协会和岛屿妇女组织等。

图瓦卢政府认识到自身力量的局限，因此重视非政府组织和民间组织的工作。例如，在太平洋岛国区域权利资源小组以及联合国开发计划署的帮助下，图瓦卢全国妇女理事会一直帮助国际组织进行关于人权的社区研讨工作，重点关注妇女拥有土地的权利与传统的土地所有权制度。

2. 非政府组织的活动

图瓦卢政府于1999年成立了妇女事务部，首次制定了《图瓦卢国家妇女政策》。非政府组织通常从外部获得资金支持。图瓦卢全国妇女理事会成功地说服政府支持非政府组织的工作。政府每年提供1万美元的财政资金支持非政府组织开展活动。全国妇女理事会与政府开展合作，通过开展培训项目和微小企业发展项目，促进妇女融入国家所有的发展领域中。非政府组织负责人是专业领域内的政府委员会成员，他们是政府决策不可缺少的部分。

其他非政府组织和民间组织，如图瓦卢家庭健康协会和图瓦卢红十字会，也一直开展性别和人权培训项目，以提升青年的生活技能。

图瓦卢非政府组织为努伊环礁安装天台水箱提供资金支持，援助图瓦卢妇女进行技能培训。非政府组织还在外部岛屿开设提升妇女生活技能的培训班，帮助妇女制定和撰写发展项目规划；帮助全国妇女理事会进行能力建设，协助制定会计培训制度，培训成员的计算技能；为全国妇女理事会会员开展企业技能培训。

图瓦卢家庭健康协会主要帮助年轻人解决性和生殖健康问题。此外，图瓦卢家庭健康协会一直在开展年轻人生活技能培训项目，培训年轻人提高缝纫、丝网印刷、轧染、织网、雕刻等技能。通过

参加培训，年轻人掌握了必要的生活技能，提高了适应社会的能力。

在非政府组织董事会和委员会内，女性成员较多，因而担任高级主管职务的妇女数量多于男子。从宏观来看，非政府组织参与的项目多与社会福利、公共事业、人道主义救援等问题相关。

3. 非政府组织与国际活动

图瓦卢非政府组织协会、图瓦卢家庭健康协会、图瓦卢红十字会、图瓦卢全国妇女理事会等非政府组织领导人多为妇女，非政府组织的妇女领导人积极参与区域性会议和国际性会议，她们代表图瓦卢和各自组织在国际会议上争取权益，表达她们的立场。她们经常参加国际红十字会的会议，有时也作为图瓦卢代表团成员参加可持续发展问题世界首脑会议、联合国大会以及联合国妇女发展基金会等举办的会议。非政府组织的妇女也通过项目合作参与区域性和国际性组织的工作。图瓦卢非政府组织与欧盟、南太平洋国际基金会、英国志愿者协会、澳大利亚志愿者协会等开展合作。

四 董事会

图瓦卢的一些国有企业、事业单位，通常采取董事会的模式进行管理。图瓦卢现有图瓦卢信托基金董事会、图瓦卢国家银行董事会、图瓦卢开发银行董事会、图瓦卢电信公司董事会、图瓦卢电子经营公司董事会、图瓦卢合作社董事会、图瓦卢媒体公司董事会、兰仪酒店董事会、集邮局董事会、图瓦卢国家渔业公司董事会、物价控制董事会 11 个董事会。

在董事会成员中男性占据主导地位，男子占 89%，妇女仅占 11%；11 个董事会主席中仅有 5 名妇女。在图瓦卢开发银行董事会、图瓦卢国家银行董事会、图瓦卢合作社董事会、图瓦卢电子经营公司董事会和图瓦卢电信公司董事会等重要实体中完全没有女性成员。

五 海外船员联盟

图瓦卢海外船员联盟（Tuvalu Overseas Seamen's Union，TOSU）是唯一在图瓦卢注册的工会组织，隶属于国际运输工人联合会（International Transport Workers' Federation）。2014 年，图瓦卢海外船员联盟拥有 600 多名会员，保障在外国船只上工作的海员的利益。

1991 年，图瓦卢人口普查显示有 272 人从事商船运输工作。2002 年，有 417 人从事海洋货物运输工作。2013 年，大约有 500 人从事船员工作。

许多图瓦卢人被聘为外国货船上的船员，他们与雇主签订长达 12 个月的劳动合同。德国艾伦吉尔航运集团（Ahrenkiel Group of Germany）是图瓦卢船员的主要雇主。海外船员汇款是图瓦卢家庭收入的主要来源。

第四章

经　济

图瓦卢是联合国公布的"世界上最不发达的国家"之一，经济发展状况很不乐观。图瓦卢土地贫瘠，很多农作物无法正常生长，大多数植物无法存活，这使本身并不发达的农业相当落后。图瓦卢基本上没有工业，一切依赖进口。居民集体劳动，以家族为生产和生活的最基本单位，收获的物品在家族内平分、共享。近年来，图瓦卢主要发展渔业和旅游业。图瓦卢渔业资源十分丰富，但是因为当地开发能力有限，发展常常会受到限制。图瓦卢逐步注重发展旅游业，利用独特的热带风光、神秘而又有原始特色的淳朴民风来发展旅游业，吸引了来自世界各地的游客，但是受到交通不便的影响，前往图瓦卢旅游的人并不多。图瓦卢的邮票在世界上十分著名，极具收藏价值，受到世界各地集邮爱好者的喜爱。图瓦卢的外汇收入主要是靠出售邮票和出口椰干、收取外国船只在图瓦卢海域的捕鱼费、在瑙鲁磷矿工作的侨民汇款、海外船员汇款，同时外援也是一项主要的外汇收入。

第一节　概况

一　殖民地时期的经济

西方国家为了拓展海外市场，积累原始资本，大力向外寻求更广阔的市场、廉价的原材料和劳动力。他们在殖民地进行统治时，也传播了先进的技术、制度。但是，殖民者对殖民地人民的大肆剥削、压榨，对殖民地资源、劳动力的掠夺，加剧了殖民地的贫穷和落后，扩大了东西方之间的差距。

在殖民者涉足图瓦卢之前，图瓦卢经济多以农业和渔业为主，种植椰树、香蕉和芋类等。随着资本主义经济的发展和西方国家对原材料需求的增加，图瓦卢的经济作物、丰富的渔业资源、便利的海上运输条件，令殖民者垂涎。

在早期的殖民活动中，殖民者只是在各商业航线上建立据点，并没有进行领土的扩张。起初，他们只是在图瓦卢获取椰子果、鲸油等，依靠暴力垄断转口贸易，获取高额利润。随后，殖民者不仅在贸易上对图瓦卢进行控制，还在殖民地大量种植可获取暴利的作物，把图瓦卢变成出口市场、投资市场和原料产地。同时，大量贸易者蜂拥而至，在图瓦卢安家，建立了贸易公司和贸易中转站，在一定程度上促进了图瓦卢经济开发和产品销售。

1915 年 11 月 10 日，图瓦卢正式成为英国的保护领，图瓦卢的经济完全受英国人控制。在这期间，英国对图瓦卢经济进行掠夺与压榨，但确实也向图瓦卢提供了经济发展所需要的资金和技术。

二　第二次世界大战以来的经济发展

第二次世界大战期间，图瓦卢的经济受战争影响很大。图瓦卢是美日在南太平洋地区争夺的重要目标，由于美国修筑军事基地，有限的土地被征用，令图瓦卢本来就发展缓慢的经济雪上加霜。二战结束以后，受到战争影响的土地难以复垦，很多土地变成荒地。二战后至图瓦卢独立前，图瓦卢在殖民统治下经济发展依旧缓慢。

1996～2002年，图瓦卢国内生产总值的年实际增长率平均为6%，1998年的实际增长率最高，达到19%；1999年的实际增长率最低，为－6%。2000年、2001年、2002年的增长率分别为14%、5.9%、1.2%。政府是促进经济发展的最主要部门，是就业市场中最大的雇主，政府的政策和导向对经济发展具有重要影响。2009年以来，政府对国内生产总值的贡献率平均每年增长11%。政府收入占国内生产总值的比重从1996年的24%增加到2002年的30%。1996～2002年，国营企业收入对国内生产总值的贡献以每年11%的速度增长。1996年，国营企业收入占国内生产总值的32%，2002年增长到39%。金融部门、运输部门和公共性企业利润是国营企业收入的主要组成部分。

图瓦卢私营企业、个体经济规模较小。据统计，2002年私营企业产值仅占国内生产总值的31%，与1996年的大约44%相比有所下降。这主要是因为国有企业产值快速增加，而私营部门产值几乎没有增长。从1996年至2002年，私营部门经济以每年平均4%的速度增长，1996年私营经济占国内生产总值的17%，2002年私营经济占国内生产总值的比例下降到14%，私营经济集中在贸易、劳务和地方农舍建造方面。私营经济对国内生产总值贡献中的55%来自非市场生产。

图瓦卢工业和机械制造业薄弱，工业产品主要依赖进口，出口贸易也非常少。该国工业仅限于椰干生产、金枪鱼简单加工、独木舟制造、木制品和传统的帽、席、袋的编织等方面。2002～2003年，贸易逆差占国内生产总值的78%，出口额不到进口额的1%。

捕鱼许可的外汇收入、船员汇款、援助收入、图瓦卢信托基金收入通常弥补了贸易逆差。据图瓦卢千年发展目标报告，2001~2002年，海外收入和信托基金收入增长率分别为 5.9% 和 1.2%。1996~2002 年，家庭收入中非市场组成部分（主要是生计生产）每年以 0.8% 的速度下降。生计生产所占比例减少表明了生产领域日益货币化的趋势。

进入 21 世纪以来，图瓦卢大力发展渔业、旅游业，邮票经营收入日益成为重要的外汇收入。图瓦卢主要出口椰干和椰子制品、手工业品，进口燃料、食品和工业设备。2013 年，图瓦卢国内生产总值约为 4000 万美元。

三 经济发展水平与问题

图瓦卢面临着被海洋淹没的危险，其万余名居民将成为全球第一批气候难民。图瓦卢人每天出行，他们脚下踩的都是水。海水会渗透到地下，因此图瓦卢人无法再种植芋头了。为了弥补当地农业生产的不足，图瓦卢人进口大米、土豆和木薯根。由于长期不食用新鲜蔬菜，很多图瓦卢人体内缺乏维生素，患糖尿病、皮肤病的人逐年增加。

图瓦卢没有可利用的地下水资源，雨水是最主要的淡水资源。每年降雨量在 2500~3500 毫米，暴雨过后，地上会形成一些水坑。自 2003 年以来，图瓦卢很多住宅都配备了水箱，用来收集雨水，满足日常生活需要。雨水在饮用前要煮开，每年要消耗图瓦卢14% 的电力。

图瓦卢的农业生产活动与气候变化有直接关系。图瓦卢国家领导人多次在联合国大会上呼吁各国联合应对气候变化问题。

2007 年 4 月 17 日，图瓦卢参加了联合国特别会议。图瓦卢领导人强调了环境安全问题，特别是气候变化的影响。埃内尔·索波阿加说："众所周知，就图瓦卢这样的小岛国而言，这个问题是很重要的"，"我们现在面临着气候变化带来的很多威胁，海洋变暖正在改变着我们岛国的性质，鱼群种类发生了变化，我们面临更严重的气候变化的威胁。此外，严重的水资源短缺、海平面的上升将威胁着我们的生存。未来的安全令人担忧。许多人都说终有一天我们会迁离祖国。但是，这种气候变化并不只对图瓦卢人产生威胁，数以百万计的其他国家的居民也会受到影响。国家之间冲突的不是火炮和导弹，而是日常生活中的烟囱和排气管"。

四　全球经济危机的影响

尽管太平洋岛国远离其他大陆，但是岛国经济发展同样受到全球经济危机的影响。虽然 2008 年巴布亚新几内亚和所罗门群岛的经济增长达到 5.1%，亚洲开发银行仍然指出，太平洋地区的一些国家非常容易受到经济危机的影响，基里巴斯、所罗门群岛和图瓦卢的经济是最脆弱的。全球经济危机的影响并未迅速波及太平洋地区的岛国，但是，太平洋地区的国家一旦受到经济危机的影响，就很难完全恢复。

在全球经济危机的影响下，图瓦卢船员的家庭生活受到的影响最大。[①] 法尔芬居住在纽陶岛，她的丈夫汤阿塔从 2000 年起一直

---

① The Global Economic Crisis Impact on Tuvalu Seafarers Remittance: the Story of Tangata's Family, http://www.pacific.one.un.org/index.php? option = com _ content&task = view&id = 140&Itemid = 192.

在德国的货船上做海员。从 2005 年起，家庭的生活来源依赖丈夫的汇款。虽然船上的工作非常艰苦，但是，这份工作的薪酬还是令人满意的。同居住在纽陶岛以捕鱼为生的其他家庭相比，他的家庭生活是优裕的。2007 年夏天，全球经济危机的爆发，影响了全球贸易，减少了对图瓦卢海员的需求，汤阿塔没有同货船续约。他只能与父亲一起外出捕鱼，法尔芬学习如何制作手工艺品，以增加家庭收入。

2008 年 9 月，美国投资银行雷曼兄弟倒闭，引发房地产危机，导致世界范围内贸易和生产投资急剧下降，大量出口订单被取消。由于对银行的不信任，公司和个人纷纷从银行取出存款。这场经济危机迅速影响到许多发达国家和发展中国家。2010 年太平洋地区经济危机全面爆发。发展中国家出口贸易额一直下降，许多国家出现大量的失业人口。

全球经济危机波及了图瓦卢的大多数家庭。来自船员的海外汇款一直是图瓦卢家庭的重要收入来源。经济危机不仅降低了海外对图瓦卢船员的需求量，在商船上继续工作的船员工资也被降低。船员工资大多数是以美元结算，经济危机使美元兑澳元贬值，而澳元一直被用于图瓦卢的货币结算。在此情况之下，船员收入受到双重影响。

联合国儿童基金会和联合国开发计划署在一份联合报告中指出，在未来几年里，收入来源依赖美元汇款的家庭，实际收入会减少 1/4 左右，为此，经济危机下岛国和国际公益组织要保护太平洋岛国儿童和妇女的权益。

第二节 金融机构

一 国家银行

图瓦卢国家银行（National Bank of Tuvalu，NBT）成立于 1980 年，是一个法人团体。图瓦卢国家银行最初是以巴克莱银行子公司的名义建立的。巴克莱银行是英国第二大银行，具有逾 300 年历史，是英国最古老的银行之一。1985 年，图瓦卢国家银行成为合资企业，图瓦卢政府持有 60% 的股份，西太平洋银行持有 40% 的股份。西太平洋银行是一家跨国金融服务公司，为澳大利亚、新西兰和南太平洋的部分地区提供金融服务。1995 年，图瓦卢政府拥有了国家银行 100% 的股份。图瓦卢国家银行规定："财政部部长以书面形式要求国家银行的政策符合国家利益，与政府大政方针相一致。"图瓦卢国家银行董事会由财政部部长和其他 4 位由部长指定的成员（不包括议会成员）组成。董事会需要确保银行政策与国家利益相一致，并且充分考虑图瓦卢经济发展的稳定性和均衡性。

董事会总经理任期 5 年。总经理必须参加董事会会议，但没有投票权。图瓦卢国家银行总部设在富纳富提环礁的瓦阿库岛，八个外岛上也设有分支机构。目前，图瓦卢国家银行是图瓦卢唯一的国有金融服务机构，业务范围包括办理存款业务、发放贷款和从事外汇交易。图瓦卢没有中央货币机构或中央银行。所以，国家银行具有发行货币的功能，管理政府持有的金融账户和外汇资产。在外汇交易方面，外汇利率由国家银行董事会参考国际市场价格变动后决定。在国家银行可以兑现旅行支票。图瓦卢不支持信用卡业务，国内不使用自动取款机，前往图瓦卢要携带足够的现金。

图瓦卢货币不是独立的货币，是澳元的变形。1976 年发行第一版，1981 年发行第二版。币种有 1 分、5 分、10 分、20 分、50 分、1 元、10 元、50 元，正面是英国女王伊丽莎白二世的头像，背面是图瓦卢动物及风光，其中，50 元硬币为金币。图瓦卢虽然已经开始发行自己的货币，但这种流通硬币只是澳大利亚硬币的附属品，图瓦卢当地流通澳大利亚纸币。

2001 年，图瓦卢国家银行设有两名经理：一位负责财务和管理，一位负责贷款。另有 38 名工作人员，包括会计和出纳员等。2009 年，图瓦卢国家银行工作人员达到 45 名。图瓦卢国家银行的存款利率低于南太平洋岛国地区标准，贷款利率等于或高于地区标准，使国家银行扩大了赢利空间，提升了竞争力。2000 年前后，图瓦卢国家银行开始赢利，平均返回税前银行净资产的 58.3%，每年上交给政府 50.7 万美元的利润。2010 年，外汇交易收入是银行收入的重要组成部分。图瓦卢居民每年贷款额占存款总额的 28%。2010 年第一季度，国家银行发放了 120 万美元的个人贷款。据统计，58% 的个人贷款用于葬礼、婚礼、生日费用等家庭事务支出；29% 的个人贷款用于旅行；11% 的个人贷款用于教育；2% 的个人贷款用于船员的支出。2008 年以来，图瓦卢国家银行一直保持赢利。

二　图瓦卢信托基金

1987 年，图瓦卢议会颁布《图瓦卢信托基金法案》。该法案为设立图瓦卢信托基金提供了法律框架。图瓦卢信托基金通过多样化的资产组合最大限度地获得收益，为政府提供了可支配资金的收入来源。信托基金在支出资本维护和管理费用之后，所获利息收益供政府用来平衡贸易逆差，为财政支出预算提供资金支持。

图瓦卢信托基金是一个国际财富基金，为图瓦卢提供了弥补国家财政赤字的资金。1987 年 6 月 16 日，图瓦卢、澳大利亚、新西兰和英国等国家代表在斐济首都苏瓦签署了成立图瓦卢信托基金的协议。澳大利亚、新西兰、英国三国初期投资金额达 2710 万美元。然而，英国在 2004 年宣布退出该协议。图瓦卢信托基金成立的目的在于缓解国家财政赤字，支持国家经济发展，帮助图瓦卢实现更大的财政自主权。图瓦卢政府承诺把信托基金的收益列入图瓦卢的公共资金。公共资金的使用要通过议会审议。

图瓦卢信托基金分为 A 账户和 B 账户。图瓦卢信托基金中的本金被称为"A 账户"。"B 账户"〔或称"综合投资基金"账户（CIF）〕是从 A 账户中取出部分资金而单独设立的"缓冲账户"。如果基金的市值大于基金价值，差额就会自动分配到缓冲账户（B 账户）。B 账户设立的目的是确保图瓦卢政府每年都有源源不断的收入。该基金通过两个账户之间的资金协调，确保图瓦卢政府获得长期稳定的财政收入，解决政府短期财政预算需求。B 账户受政府控制，除非国家财政预算需要，B 账户内的资金一般不得挪用。当 A 账户没有收益或者收益低时，B 账户对 A 账户起到很好的缓冲作用和资金支持。

1990 年，该信托基金上交 7900 万美元收益，大约相当于政府年度财政预算收入的 15%。2014 年，图瓦卢信托基金市值相当于图瓦卢国内生产总值的 2.5 倍。捕鱼许可收入和网络域名租赁收入不稳定，信托基金收入相对稳定，能够保证图瓦卢的国家财政收入。为了满足 2014～2015 年的国家财政支出预算需求，图瓦卢政府需要提取存在"B 账户"中的资金。

在日本和韩国等捐助国的帮助下，在图瓦卢信托基金运作初期，国外投资为 2700 万美元，在 2000 年和 2010 年分别增长到了 6600 万美元和 72000 万美元。截至 2012 年 9 月 30 日，图瓦卢信托基金总价值约为 12730 万澳元，同时它的市场价值在 2011～2012 年度以 10.5% 的速度增长。澳大利亚和新西兰继续为图瓦卢信托基金提供资金和其他形式的发展援助。

2007 年，图瓦卢信托基金的市场价值增长到 10660 万美元，回报率为 6.2%，为图瓦卢本国提供了 6570 万美元的收入。其中 2410 万美元用于缓解政府财政赤字，2920 万美元用于投资到本金（A 账户），1240 万美元存到 B 账户。截至 2007 年，政府对图瓦卢信托基金的投资达到了 2980 万美元（包括 160 万美元的初期投资）。图瓦卢成为该基金的主要投资国。

图瓦卢信托基金作为政府财政收入的来源之一，有助于解决政府长期存在的财政赤字问题。通过 A 账户到 B 账户的资金转移可以保证政府财政支出预算有足够的资金支持。B 账户的资金能够使图瓦卢政府拥有足够的资金来抑制通货膨胀。每年 9 月 30 日，图瓦卢信托基金咨询委员会根据澳大利亚居民消费价格指数，计算出基金的价值。当然，A 账户也存在不赢利的情况，如 2011 年，基金总价值为 12750 万澳元，而市场价值仅为 11510 万澳元，比真正的市场价值要少。为此，A 账户就无法向 B 账户转移赢利资金。国家财政预算支出只能从 B 账户的预留资金中支付。在特殊条件下，B 账户还要贴补 A 账户。因此 B 账户一定要拥有足够的资金，支持该年没有收益或者收益低的 A 账户。B 账户没有最低余额规定，根据现实运行情况，B 账户持有的资金越多越有益于国家经济运转。

不过，B 账户资金应保留多少还是引起了图瓦卢政府部门的争论。

图瓦卢信托基金设立了董事会，旨在避免基金的管理不善和腐败问题以及向未经授权的项目提供资金。基金的运作成功源于多种因素：基金的本金同用于分配的基金收入分开；基金管理实施问责制；图瓦卢与原始缔约国设立咨询委员会；拥有专业的基金管理团队和基金运行监测团队；国际核算师的审核；等等。

三　酋长院信托基金

酋长院信托基金（Falekaupule Trust Fund，FTF）又名外岛信托基金或者农村发展基金。1999 年，图瓦卢政府设立了酋长院信托基金。

酋长院信托基金以图瓦卢信托基金为榜样，在成立 7 个月时便开始对外投资。亚洲开发银行为酋长院信托基金提供了 600 万澳元的贷款。为了与亚洲开发银行提供的贷款资金相配套，图瓦卢政府同意八个外岛的每一个社区提供部分资金。岛屿社区积极配合政府政策，提供了 120 万美元的启动资金。酋长院信托基金沿袭图瓦卢信托基金的管理模式，每个岛屿社区都在酋长院信托基金理事会中设立代表，他们没有投票权。2001 年，酋长院信托基金的市场价值为 1500 万美元。此后，酋长院信托基金的市场价值不断增加，截至 2007 年 6 月 30 日，酋长院信托基金的市值为 2530 万美元。经过多年的经营，酋长院信托基金进行了三次资金分配，分配总额为 470 万美元。2005 年酋长院信托基金与图瓦卢信托基金一样，设置了 A 账户和 B 账户，主要是为了理顺投资与收入的关系。2007 年 6 月，酋长院信托基金 B 账户（预留账户）资金为 140 万美元。

酋长院信托基金设立的目的在于增强社区创造收入的能力；为社区项目运作提供资金支持，通过社区开展地方培训项目，帮助当地民众获得生活技能，培养民众自力更生的能力；让社区有足够的资金购买维护社区发展的设备，促进社区教育发展；等等。酋长院信托基金理事会代表图瓦卢外岛社区管理基金。

在全球经济危机的影响下，酋长院信托基金收益分配需要考虑保值与增值。2010 年 9 月 30 日，基金价值维持在 2730 万美元，这是基金不断增值和发展的结果。然而，在经济危机影响下，酋长院信托基金价值比 2380 万美元的市场价值高出了 350 万美元，市场价值与基金价值之间的差额必须在收益分配之前得到补偿。截至 2013 年，酋长院信托基金只进行了四次收益分配。酋长院信托基金共派发 640 万美元，其中 530 万美元运用到八个外岛的开发与建设上，110 万美元由各个社区存入银行，岛屿社区增加了可以支配的资金。

四　国家公积金管理委员会

图瓦卢国家公积金管理委员会主要向退休人员提供生活费，也向居民提供贷款业务。国家公积金管理委员会是法人团体，基金不是由股东共同拥有，而是由国家公积金管理委员会会员所有。全国超过一半的人加入了国家公积金管理委员会。

第三节　农业

由于受到环境和气候变化的影响，图瓦卢海水渗透非常严重，导致当地土地越来越贫瘠。为应对当前的气候变化，图瓦卢建立了生态保育区。受交通等诸多因素的制约，图瓦卢与世界各地联系不便，农业发展缓慢。

一　种植业

图瓦卢属于热带海洋性气候，全年气温温差小，年平均气温一般为 26℃~32℃，年均降雨量可以达到 3000 毫米，比较适合种植热带作物。当地居民比较喜爱种植易于管理的椰子树、香蕉树、芋头、面包果树等。

椰子是典型的热带水果，被称作热带之宝，营养价值高，含有丰富的蛋白质。椰子可以直接食用，也可以制作蜜饯、菜肴或是椰丝、椰蓉等，深受当地居民喜爱。长期以来，椰干作为图瓦卢的出口商品，为当地居民带来了不少外汇收入。椰壳的纤维可以用来制作绳子，树干可以用来制作当地工艺品。

香蕉在农业发展比较缓慢、经济落后的图瓦卢扮演着十分重要的角色，是当地居民生活中必不可少的一种食物。各个岛屿都有很多香蕉树。香蕉不仅味道香，营养成分高，而且终年可以收获。香蕉也为当地居民带来了一定的经济效益。

在图瓦卢，面包果树随处可见。面包果呈长条形，类似长条面包，含有丰富的淀粉。岛上居民通常会选择蒸、炸、烤的食用方法。面包果的产量非常大，是太平洋岛国地区一种次要的食物。12棵面包果树结的果实，足够一个人吃上一整年。面包果树的躯干既轻又软，树枝比较粗大，岛上居民通常用面包果树做木舟。面包果树树干还可以用作建筑材料。用面包果树建的房子，可以住上 50年。面包果树的树皮可以用来做绳子和各种生活用品。

芋头营养价值丰富，含有大量的淀粉、矿物质和维生素，既可以当作蔬菜又可以当作粮食。芋头的土壤适应性强，喜欢高温多湿的环境。图瓦卢属热带海洋性气候、气温温差较小、降雨丰富，为芋头的生长提供了得天独厚的自然环境。芋头在当地种植很简单，而且收获往往颇丰。因此，在芋头成熟的季节，评选谁种植的芋头最大也成为图瓦卢居民生活中的一项重要娱乐活动。虽然芋头种植给当地带来的经济效益有限，但它们帮助当地居民解决了温饱问题。

图瓦卢的农业基本依靠简单的人力耕作，居民往往集体劳动，基本上不使用农业机械，家族是生产和生活的最基本单位。待到收获的时节，收获的农作物通常在家族成员内部平分。图瓦卢主要买卖手段还是以物易物，用物品交换获得自己所需要的生活必需品，维持最基本的生产生活。虽然图瓦卢农业不发达，粮食不能自给，要靠进口，但是当地居民种植了椰子、香蕉、菠萝等热带水果，种植了芋头、甘薯等粮食作物，饲养牛、羊、猪、马，还使用比较原始的渔具在沿海捕鱼，大自然中还有可供选择的面包果、西米树、野香蕉等，所以该国基本没有挨饿的人。

图瓦卢土地严重贫瘠，难以支撑农业的发展。由于图瓦卢群岛是由珊瑚礁形成的，土壤的孔隙很大，无法通过施用化肥来提高土壤质量。随着商品经济的发展，经济货币化程度不断提高，传统的自给自足的农业生产活动正在减少。① 近年来，由于全球气候变暖，海平面不断上升，图瓦卢的生存环境面临诸多考验。由于图瓦卢海拔不高，涨潮退潮都会对图瓦卢国民的生产生活产生很大影

---

① 南太平洋地区岛国的经济发展越发重视货币化。汤加大使馆的一等秘书蒙娜丽莎拉图在与我们座谈时也谈到，过去邻居宰杀一头驴，就会通知周边的邻居朋友来一起分享，现在到处开的是驴肉馆，按照生意来经营。随着各岛国与其他国家和地区联系的加强，这种市场化的趋势会逐渐加强。

响。潮水上涨，海水淹没大量的田地；潮水退去后，农作物往往会大量死亡。为此，寻找合适的恢复农业生产的解决办法是图瓦卢面临的首要任务。

二　林业

地球上热带国家森林覆盖率一般比较高，根据国际热带木材组织（ITTO）等国际机构的统计，近年来全球热带林和次生林的总面积逐渐较少。图瓦卢也面临着类似的问题。

根据 2012 年国际组织公布的数据，图瓦卢的森林覆盖率为33%，岛上的树木主要有面包果树、木瓜树、木棉树、香蕉林、椰子树、露兜树、松树等。"绿岛是图瓦卢的生命线"，图瓦卢的海风椰影、碧水白沙吸引着外国游人。

2013 年，图瓦卢森林覆盖率与世界森林覆盖率基本持平。由于图瓦卢独特的地形、气候，林木很难实现科学种植，更难以实现科学管理。尽管图瓦卢缺少发展现代林业的先天条件，但是图瓦卢居民对"绿意"的追求依然非常强烈。为了应对全球气候变暖、环境恶化带来的影响，图瓦卢政府在一些岛屿上、岛屿周边地区建立了生态保育区，最大限度地保护林业、渔业等资源。现在，岛上的一花一木、一草一鸟都弥足珍贵，图瓦卢当地居民为了保护他们赖以生存的环境而不懈努力。

三　渔业

太平洋岛国的居民擅长航海，图瓦卢人也不例外。他们懂得观测星象、潮汐。即使在茫茫的大海上，他们也不会迷失方向。出海捕鱼是当地居民维持家庭生计、赚取额外收益的重要方式。当地居民以家庭为基本生产单位集体出海，获得的产品也在家庭中平分共享。居民一般捕捞近海和潟湖的鱼类供家庭食用，因而维护礁湖鱼类资源也是社区一项非常重要的事务。

位于专属经济区、礁湖和近海水域的鱼类资源是图瓦卢最珍贵的资源。图瓦卢的专属经济区面积达 90 万平方公里，有丰富的海洋鱼类资源。尽管图瓦卢渔业资源十分丰富，但是图瓦卢本国因缺乏资金、技术等支持，开发能力十分有限。

图瓦卢丰富的渔业资源吸引了不少国家与其签订渔业捕捞协定，这对双方都是非常有益的事情。一方面，图瓦卢可以利用其他国家先进的渔业开发技术，弥补本国渔业资源丰富却无力开发的弊端；另一方面，其他国家可以利用自身资金、技术条件，对图瓦卢专属经济区内的丰富渔业资源进行开发，获取较为丰厚的经济收益。[1] 图瓦卢先后与日本、韩国、中国台湾地区等签订渔业捕捞协定，大约每年获取捕鱼费 30 万澳元。

2005 年，图瓦卢与日本签订渔业捕捞协定，该协定对捕捞费的收取、渔船作业规则等都做了详细规定。[2]

2014 年，国外渔船捕鱼费收取标准基本上以金枪鱼卸货量的 5% 来收取，但金枪鱼延绳钓渔船的捕捞费要按照航次收取[3]，未

---

[1] 笔者与太平洋岛国贸易与投资专员署原专员萨武进行过多次交流，他多次谈到太平洋岛国的渔业资源、林业资源等，希望与中国企业合作。

[2] 《2005 年度日本与图瓦卢的渔业协议结果》，缪圣赐（摘译），《现代渔业信息》2005 年第 8 期。

[3] 延绳钓是指在南太平洋海域捕捞金枪鱼等鱼类的一种方法。一般的延绳钓渔船都是大型的远洋捕捞船，每次出去钓鱼要 2 个月左右才能回来。一般捕捞船经过半个月的远航，到达南太平洋的钓鱼场，放下几十公里甚至上百公里长的主绳。主绳每隔一定的距离有一条长支线，要将很多的支线绑在主绳上，一条条支线串联在主绳上。这样同时放下的鱼钩最多可以达到几千个，然后再利用投绳机和扬绳机沿着整艘船的铁管全自动作业。

满 200 吨的延绳钓渔船收取 55 万日元，200 吨以上的收取 77 万日元。许可作业的渔船应安装渔船监视系统（VMS），应在进入作业水域前 6 小时开机。

据图瓦卢公布的数据，2014 年进入图瓦卢水域作业的不仅有日本的金枪鱼捕捞船，还有其他国家和地区的捕捞船只，韩国的延绳钓渔船 18 艘、中国台湾地区的延绳钓渔船 2 艘、斐济的延绳钓渔船 1 艘，新西兰的围网渔船 4 艘、瓦努阿图的围网渔船 1 艘、密克罗尼西亚联邦的围网渔船 1 艘、马绍尔群岛的围网渔船 1 艘、美国的金枪鱼捕捞船 40 艘。在图瓦卢水域作业的海外捕捞船捕获鱼的品种主要有金枪鱼、鲣鱼、鲑鳟鱼、沙丁鱼、竹荚鱼、鲭鱼、秋刀鱼、鳕鱼、鲆鲽鱼、鱿鱼等。图瓦卢专属经济区内的金枪鱼数量十分可观。日本、韩国、美国等国家每年只需要向图瓦卢缴纳一定数额的捕鱼费，远洋捕鱼船即可进入图瓦卢专属经济区捕鱼。捕鱼费与捕鱼的种类、船只的吨位、装载鱼虾的数量有关。图瓦卢依靠专属经济区内丰富的渔业资源获取相应的捕鱼费用，这已成为该国外汇收入的重要组成部分。近几年来，图瓦卢与远洋捕鱼国家不断协商捕鱼费，以获取更高的收益。

与诸多太平洋岛国一样，图瓦卢没有大吨位的远洋渔船，也没有先进的造船技术和远洋捕捞技术。面对丰富的渔业资源，图瓦卢借助远洋捕鱼业发达国家的技术，开发专属经济区内的丰富渔业资源。当然，当地居民也经常乘坐渔船出海捕鱼，他们捕捞到的金枪鱼，虽然在数量上和技术、吨位占优势的远洋渔船无法相比，但是勇敢、善良、淳朴的图瓦卢人民始终没有放弃辛勤劳作的传统。

第四节 电力、交通与邮政

一 电力

在图瓦卢，电力供应非常紧张，电力是非常稀缺的资源。首都富纳富提所在的富纳富提环礁有外国援助的太阳能发电设施。在外岛，岛民只能通过柴油发电机获得电力供应。

20 世纪 90 年代以来，外部岛屿均配有柴油发电机。农村居民均可使用照明系统，一些家用电器得以派上用场。有了电力的支持，女性用于洗衣、烘干鱼等传统家务劳动的时间大大减少。电力供应还为外岛地区的信息通信技术发展打下了基础。基于此，政府考虑提高农村居民的生活水平，方便城市和农村之间的信息沟通，2015 年实现了向外岛社区提供信息通信技术和网络服务。

日本向图瓦卢提供了电力援助，帮助该国在外岛建立了太阳能发电设施。由于图瓦卢特殊的气候环境，很多太阳能发电设备受潮，个别太阳能发电设备被荒废。根据图瓦卢签订的国际组织协议，未来该国主要依赖太阳能进行电力供应，条件许可时可采用生物燃料进行发电。

二 交通

1. 国内交通

图瓦卢因受位置所限，交通不是十分便利。为了摆脱这种困境，发展当地旅游业，吸引世界各国旅游爱好者前来观光，图瓦卢政府主动改善交通设施，以方便与他国的联系和交往。目前，图瓦卢国内主要的交通工具包括轮船、公共汽车、出租车、摩托车等。

在国内交通方面，公共汽车是主要交通工具。在首都，车辆靠左行驶，当地公交由政府来运营。近年来，首都已有小型民营巴士。富纳富提环礁上有 2 辆公共汽车，随招随停。岛上一共有 7 辆出租车为当地居民和游客提供服务。游客可以租借摩托车或者是脚踏车进行观光。

富纳富提环礁与其他八个外岛之间有轮船往返，其中位于最南端的纽拉基塔岛因人口过少，没有固定船只往返。公共船班每 3 个月调整一次。原则上，以富纳富提环礁为中心，半个月到一个月船班往返一次，路线分为北区岛、中间岛和南区岛三线。北区岛包含纳诺梅阿环礁、纽陶岛、纳努芒阿岛；中区岛包含努伊环礁、瓦伊图普环礁、纽库费陶环礁、富纳富提环礁；南区岛包括努库莱莱环礁、纽拉基塔岛。

由于图瓦卢各岛之间交通不便，物资供应匮乏、通信设备简陋，农村获得优质服务的机会有限，女性和青少年外出赚钱的机会较少。

2. **国际交通**

图瓦卢国土面积较小，不便于开发建设机场，同时没有良好的深水港，大型轮船无法停泊，所以它的海运、空运都不发达。

图瓦卢有一个小型国际机场，国际航空运输协会（IATA）代码为 FUN，国际民用航空组织（ICAO）代码为 NGFU，坐落于富纳富提环礁的丰迦法莱岛上，是图瓦卢对外交往的重要门户。机场在南纬 11°31′30″，东经 179°11′47″，机场海拔为 3 米，只有 1 条跑道，长 1524 米。候机大厅只有一层。富纳富提国际机场主要提供图瓦卢与其他大洋洲国家之间的民航业务。航班一般从斐济首都苏瓦直飞图瓦卢首都富纳富提。该机场只能允许50人座的小型飞机起降，目前仅有斐济航空44座ATR 42 - 500型飞机通航。每次飞机起降时段都是全岛居民聚集的大好时机，如果要找人或是想遇见重要人士，到机场附近等待多半不会失望。如果想给在斐济、澳大利亚、新西兰等地打工的亲人捎信息，或者打听在外的亲人信息，机场是最佳选择之地。

在海运方面，澳大利亚政府资助图瓦卢政府在富纳富提环礁修建了深水码头，可供中小型轮船停靠。斐济首都苏瓦与富纳富提环礁间有货轮通航，每月1班。澳大利亚、新西兰亦有货轮莫阿娜号往来于图瓦卢，每月1班。至于图瓦卢各岛屿之间人员的往来、货物的运输，全赖国营600吨的货轮"尼旺加二号"（Nivaga Ⅱ）、"马努佛劳号"（Manufolau）承担。轮船可以停靠在富纳富提环礁的码头，其余岛屿没有深水码头，只能停泊在各岛的沿岸，再使用小船进行转运上岸。海运在图瓦卢交通运输方面十分重要。

3. 船舶注册服务

图瓦卢政府已委任图瓦卢船舶注册管理局作为权威机构为船舶航行和贸易往来颁发必要的证书。凡是在图瓦卢船舶注册管理局登记注册的本国船只、外国船只，都可以悬挂图瓦卢国旗，享受图瓦卢提供的待遇。① 管理局以客户为中心，以向国际海运业提供服务为宗旨，不以效益为根本目标，更重视服务质量的提升。

图瓦卢船舶注册管理局的职责包括：开展船舶注册，颁发牌

---

① About Tuvalu Ship Registry, http：//www. tvship. com/EN/Home/AboutUs. aspx.

照；进行船员认证；进行船舶检查，确保航船符合安全和环保标准。为保障在图瓦卢注册的船舶能够达到世界航运标准，图瓦卢船舶注册管理局不断向优质客户提供高效全方位的服务，确保提供充足的船员等。为实现这一目标，图瓦卢船舶注册管理局与政府、船东、船级社、国际航运界合作。为了后代能够拥有良好的环境，船舶注册管理局要求所有在图瓦卢注册的船舶以及在图瓦卢领海航行的船舶，务必保护海洋环境。

三 邮 政

美丽的南太平洋自然风光和邮票把图瓦卢与世界各国联系在一起。图瓦卢邮票闻名世界，极具收藏价值。邮票也从一个侧面反映了图瓦卢民族风俗、文化特色和历史变迁。很多集邮爱好者往往尝试通过各种方法来收集图瓦卢发行的整套邮票。图瓦卢邮票因其特有的魅力，成为国家经济收入的又一重要来源。

邮票成为图瓦卢与世界联系的桥梁，政府和相关部门十分重视邮票的发行工作。1975 年，图瓦卢邮票局成立，邮票局建立的初衷是让世界各地了解太平洋岛国，了解图瓦卢。在邮票局创办初期，邮票局的员工仅有 12 名，他们以快捷的处理方式克服种种困难，让刚刚建立的邮票局很快步入正轨。邮票局团队生机勃勃、充满斗志。他们积极联系国际上开展邮票业务的相关部门，承担了世界上 60 多个国家的邮票设计发行业务。

邮票局在成立初期，发行了一套十五枚临时通用邮票和一套三枚纪念邮票。那时，图瓦卢还是英国的殖民地，邮票上已经使用了 "TUVALU" 字样和英国女王的头像。现今，这两套邮票价格一路攀升。随着国际交往的深入，图瓦卢邮票趣味性逐

渐增强，赚取外汇的能力不断提升。例如，随着世界各地生肖邮票的价格不断走高，图瓦卢邮票局在 1994 年 4 月 23 日设计发行了第一套生肖邮票。此后，图瓦卢邮票局连续多年发行生肖邮票。

为节省成本、减少经济开支，邮票局通常还会在邮票设计上进行多种尝试，使邮票既不失其应有的价值，又可以以更低的成本来制作发行。图瓦卢邮票设计人员既会选择自然景物、淳朴的民族风情、人物肖像等为图案设计底本，也会选取具有历史意义的事件作为图案设计题材。例如，图瓦卢设计发行了纪念吉尔伯特和埃利斯群岛殖民地分离的邮票，设计了纪念 1978 年图瓦卢独立的邮票，等等。目前，图瓦卢既发行印有秀丽风光、各种动植物、体现浓郁热带特色风土人情的邮票，也发行印有著名的历史人物、世界名车的邮票。2014 年，图瓦卢邮票局还发行了以中国马年为主题的邮票。

为了满足国际集邮爱好者的需求，图瓦卢邮票局发行的邮票关注国际大事件、热门事件，邮票的商业性也渐渐显现出来。2000年，图瓦卢开始改变以本国元素为主的邮票设计理念，把一些邮票图案交给国外的邮票公司去设计。2010 年，上海世博园太平洋联合馆内，展览馆中央位置悬挂着几枚精美的邮票，引人瞩目。展示台商品销售中心代售的邮票有纪念"猫王"的四联张邮票、纪念戴安娜王妃的六联张邮票、2006 年世界杯卡通球员四联张邮票等。图瓦卢展区总代表卡萨·特奥雷认为，图瓦卢邮票在中国会有很广阔的销售市场。

图瓦卢寄往世界其他国家的邮件需要飞机运出，没有通过水陆、陆路发出的邮件。从图瓦卢寄往世界各地邮件上的邮票也成为世界各地集邮爱好者收藏的对象。虽然邮件需要全程航空邮寄，但是从寄出邮件至收到邮件最快也要 25～30 天时间。万国邮政联盟规定，国家之间的邮件往来根据需要可经第三国进行中转。从图瓦卢寄出的信件大致会经过斐济、新西兰、澳大利亚中转至世界各地。一般从挂号信件上的贴条、邮戳等信息可以看出这个邮件经过的国家和花费的时间。

第五节 旅游业及其他

尽管图瓦卢的自然风光与马尔代夫相比毫不逊色，但是图瓦卢的旅游业在国家经济发展中扮演着次要角色。由于国家位置偏远、交通不便，图瓦卢旅游业发展非常缓慢，前往图瓦卢的游客非常少。图瓦卢旅游信息中心隶属贸易旅游和商务部，也受到太平洋岛国论坛秘书处下的太平洋岛国贸易与投资专员署管理。旅游信息中心位于富纳富提国际机场大厅，负责与旅游相关的工作。2010 年，入境图瓦卢的访客共计 1657 人，其中 1094 人属于商务活动、政府间访问、技术顾问；游客仅有 360 人；其他人属于回国探亲。

一 旅游业

1. 现状

图瓦卢没有工业污染，一年四季风景如画，枝繁叶茂的椰子树、香蕉树在岛上随处可见。碧波荡漾的海面、不断拍打岸边的海水、金灿灿的沙滩极具热带风情。近年来，旅游业、渔业的兴起为图瓦卢经济发展带来了新曙光。随着图瓦卢对外交往的加强，旅游业略有发展。

前往图瓦卢旅游的人有明显的地域性差别。根据图瓦卢国家统计局公布的数字，2011 年前往图瓦卢的访客共计 1232 人，其中前往图瓦卢旅游的仅有 258 人。图瓦卢是世界上独立国家中前往参观旅游人数最少的国家之一。前往图瓦卢的游客主要来自斐济、日本、澳大利亚和新西兰等国。自 2004 年至 2011 年，每年有 14～32 名游客来自德国。① 中国大陆地区前往图瓦卢的人非常少，每年仅有几人、几十人不等，都属于公务出行。2004～2011年前往图瓦卢人数见表 4-1。

表 4-1　2004～2011 年前往图瓦卢人数一览

国家和地区　　时间	2004	2005	2006	2007	2008	2009	2010	2011
澳大利亚	184	186	136	138	214	190	166	116
新西兰	147	117	147	105	148	127	184	133
斐济	332	223	197	218	297	301	285	311
基里巴斯	54	33	28	17	66	63	34	22
其他太平洋岛国	100	78	16	66	99	79	68	89
美国	68	83	56	54	82	63	71	85
加拿大	11	18	7	11	33	32	26	9
英国	49	37	55	35	66	79	42	22
德国	25	14	25	18	16	32	28	16
法国	9	12	8	16	33	16	17	8
其他欧洲国家	25	41	32	18	33	16	47	35
日本	137	118	250	227	313	333	377	150

---

① 参见图瓦卢国家统计局公布的数据，http：//www.spc.int/prism/tuvalu/index.php/migration-and-tourism/migration-visitors-by-nationalities-。

续表

时间 国家和地区	2004	2005	2006	2007	2008	2009	2010	2011
中国大陆	0	0	0	0	0	0	42	9
其他亚洲国家	89	73	78	80	99	127	132	48
其他国家	60	52	45	98	115	95	120	117
中国台湾	0	0	0	0	0	0	0	31
图瓦卢人回国	0	0	55	29	49	32	18	31
合 计	1290	1085	1135	1130	1663	1585	1657	1232

数据来源：图瓦卢国家统计局。

  富纳富提环礁是游客旅游的主要目的地，因为图瓦卢唯一的机场就位于富纳富提环礁上，环礁上有酒店等设施。生态旅游是游客前往图瓦卢旅游的主要目的。部分游客比较喜爱参观富纳富提环礁保育区。当然，游客也可以前往外岛参观，通过乘坐客货两用船可以到达外岛。通往外岛的船舶没有固定的航期，每隔三四个星期才有往返富纳富提环礁与外岛的船舶。外岛上也有简易宾馆，可以提供住宿服务。

  图瓦卢政府和相关部门利用本国优势，积极开发旅游资源，发展旅游业。他们利用迷人的热带风光、优美的自然环境、独具特色的民族风情吸引游客。在图瓦卢，孩子们在珊瑚礁围成的湖水中嬉笑打闹，质朴天真的脸上洋溢着最简单、最快乐的微笑；穿着短裤的警察赤脚走在街上巡逻，岛上的居民淳朴热情。渔民早出晚归，出海捕捞金枪鱼，傍晚归来的时候，都会有满满的收获，看着自己打捞到新鲜的金枪鱼，他们的脸上洋溢着幸福的喜悦。游客也会得到当地居民的热情招待，他们把打捞到的新鲜鱼虾送给远道而来的客人，供他们享用。如果赶上特别的节日，岛民们还会穿着具有民族特色的草裙表演费特乐舞蹈。

图瓦卢政府和当地居民充分利用本国的旅游资源，包括自然资源和人文资源，希望大力发展旅游业；另外，图瓦卢积极参加一些国际活动或者是国际事务，加大了宣传力度，力图打开更广阔的旅游市场。图瓦卢领导人对上海世博会非常重视，尽力推介本国旅游业和旅游产品。他们希望借助这个平台吸引更多的中国人和世界各地的游客到图瓦卢旅游。图瓦卢旅游业的发展将为改善该国相对落后的经济状况，推动本国社会、经济发展发挥重要作用。但是，由于受到互联网技术的制约，图瓦卢旅游信息中心还没有建立专门的供游客使用的专题网站。

前往图瓦卢旅游和进行商务活动需要注意：

图瓦卢签证分商务签证和工作许可签证两种，均需申请人入境时在机场或港口申请。申请人需提供有效护照、往返机票以及在图瓦卢停留期间的经济担保及邀请信。根据申请人的资格，移民局签发停留期1个月至4个月不等的签证；若获得工作许可，则可多次往返图瓦卢。图瓦卢没有永久居留权许可。2015年1月1日，图瓦卢单方面允许符合条件的持普通护照的中国公民抵达入境口岸时办理落地签证。①

出入境须知及海关规定：在机场或港口办理出入境手续时，图瓦卢对携带入境物品有限量要求，严禁携带危险易爆物品及动物、植物产品。图瓦卢海关规定，每位成年旅客可携带下列限量商品免

---

① 太平洋岛国的瓦努阿图、斐济、帕劳单方面允许符合条件的持普通护照的中国公民抵达入境口岸时办理落地签证。萨摩亚对持普通护照的中国公民单方面免签。

税出境：200 支卷烟或 225 克烟草或雪茄、1 公升葡萄酒或烈酒、1
瓶香水，但须在出境时申报。除从澳大利亚、新西兰、斐济、英国
运抵的猫、狗等宠物外，其他动物须有签发的"检疫证明"和图
瓦卢签发的入关许可证。

当地报警应急电话：20911 20726。

2. 影响因素

为了吸引世界游客，图瓦卢旅游局曾花重金将各岛屿开发成旅
游景点，甚至拍摄了《国家消失——图瓦卢沉没》的视频。图瓦
卢旅游业发展缓慢受到多方面因素的影响。

第一，太平洋航空公司的运输业务居图瓦卢交通运输的主导地
位，影响了图瓦卢的对外交往。斐济的太平洋航空公司的航班是图
瓦卢对外交往的唯一航班，它从图瓦卢直接飞往斐济，太平洋航空
公司拥有航线上的垄断权。相较于飞往太平洋地区其他目的地的费
用，前往图瓦卢的航空费用是相当昂贵的。另外，海上运输效率非
常低，这使得乘飞机前往图瓦卢旅行成为唯一的选择。

第二，客源国遭受自然灾害也对图瓦卢的旅游业产生了影响。
图瓦卢的客源国主要是澳大利亚、新西兰和日本。这些国家遭受自
然灾害，令图瓦卢的旅游业雪上加霜。2011 年，新西兰、日本发
生地震，澳大利亚遭受了水灾。受此影响，选择短途旅游的游客就
没有再前往图瓦卢。

第三，澳元升值也是导致前往图瓦卢旅游的人数下降的主要原
因。图瓦卢的官方货币是澳元。澳元在 2011 年大幅升值，前往图
瓦卢旅游花费增多，影响了游客前往图瓦卢旅游。

第四，图瓦卢旅游业是一个被忽视的行业，发展非常缓慢。由
于政府缺乏远见和承诺，再加上当地资源有限，图瓦卢的旅游业非

常脆弱。土地不可能被用于改善交通等基础设施,更不可能被用来建设人文景观。当地居民反对外国人前来旅游,他们认为发展旅游业会破坏他们的文化,给当地有限的资源增加额外压力,因此,部分人极力阻止该行业的发展。[①]

3. 住宿和餐饮

兰仪酒店(英文名称为 Vaiaku Langi Hotel,有时也写作 Vaiaku Lagi Hotel)位于富纳富提环礁上。该酒店在中国台湾财政援助下始建于 1993 年。兰仪酒店属于国有企业,由兰仪酒店董事会进行管理。酒店在建设完成以后,进行过多次装修和翻新,主要为商务人士和游客提供住宿和餐饮服务。

兰仪酒店是图瓦卢唯一的国有酒店,离机场只有 50 米,紧邻政府办公大楼、警察局、图瓦卢国家银行。这里有绝美的礁湖景观,日落景色堪称一绝。酒店共有 16 个住宿房间,每个房间均提供空调、冰箱、茶或咖啡、热水淋浴。房间内提供有线网络,但另外收费。[②] 酒店提供洗衣和熨烫、客房整理、夜床服务、外币兑换、餐饮、24 小时保安等。旅馆附设酒吧、小型会议室、餐厅、宴会设施,餐厅所烹制的鱼类都是直接从附近潟湖捕捞上来的,非常新鲜。兰仪酒店可为旅客安排前往邻近小岛观光,并为每位住客提供机场接送服务。酒店设有停车场。住宿一晚大约需要花费 800 元人民币。

在餐饮方面,富纳富提环礁上有兰仪酒店餐厅、卡伊餐厅,以及由斐济籍华人威廉姆经营的威里基餐厅(Vailiki Restaurant)、中

---

① Travel and Tourism in Tuvalu,http://www.euromonitor.com/travel-and-tourism-in-tuvalu/report.

② 网络速度非常慢,但是可以完成文档传送。

国人经营的彩虹快餐厅（Rainbow Snack Bar）四家。由于菜品极少，因而价格不高。在兰仪酒店餐厅吃午饭，每人消费大概7~8澳元，晚餐大约每人需要花费20澳元。卡伊餐厅的消费较兰仪酒店略高一些。兰仪酒店餐厅星期三晚上自助晚餐之后有舞会，很多游客非常喜欢。在外岛也有几个可以租住的旅馆，但是相对简陋一些。

二　手工编织

图瓦卢的艺术传统表现在服装设计和传统手工艺品制作上，利用传统材料制作的物品经常用于日常生活中。例如独木舟和鱼钩，以及图瓦卢女性的裙子、上衣、发带、臂章、腕带等。用于表演传统舞蹈的服装代表了当代图瓦卢人的艺术设计理念。在当地美丽奇特的自然景观和独具特色的人文环境下，色彩艳丽的手工编织品也是图瓦卢当地的一大特色。这些精致的手工编织品做工精细，体现了岛国独特的风土人情。岛民们往往会用椰树的叶子编织各种各样的扇子，并且会插上羽毛作为点缀；用林投叶编织各种各样的篮子和睡觉用的席子，这些编织品经常被当地居民用于室内装饰。他们还用简单的枝条、柳藤、叶子来编织各种各样的物品，例如扬帆起航的帆船等，形象逼真，外观精美，受到世界各地游客的关注和喜爱。这些编织品既显示出图瓦卢人的智慧，同时也彰显了浓郁的民族气息。

三　其他行业

太平洋上有很多海鸟，在这些海鸟栖息地上往往积累一层层厚厚的鸟粪，在经过数千年的沉积变化之后，形成磷酸盐矿。这些磷酸盐被开采之后，会被销往澳大利亚、新西兰等国，用来制造化肥等。

　　图瓦卢以前也有一些用来生产化肥的鸟粪。过去，图瓦卢政府尝试依靠出口鸟粪来赚取部分外汇，增加政府收入，就像同属于南太平洋岛国的瑙鲁因鸟粪而致富一样。但是，近年来全球气候变暖，海平面不断上升，很多海岛消失在太平洋之中。没有消失的海岛，因海拔比较低，经过海水的不断冲刷，磷酸盐矿逐渐流失到海里。

第五章

社　会

图瓦卢传统习俗根深蒂固，由来已久的文化和宗教信仰影响和塑造着图瓦卢人的传统。家庭结构和家庭资助系统是开展福利援助、青年教育，以及资助长者、贫困者和弱势群体的主要途径。牢固的家庭关系和一致的价值观念将大家庭成员和老一代人联系在一起。儿童和妇女是最弱势群体，主要依靠家族来处理问题。图瓦卢政府为居民免费提供保健服务。全国唯一的一所医院设在富纳富提环礁，其他岛屿设有医疗所，为居民提供医疗服务。图瓦卢人的饮食结构单一，当地医疗水平有限，糖尿病、高血压等成为危及生命的主要疾病。海外援助为图瓦卢社会发展和医疗水平的提升提供了支持。

第一节　国民生活

图瓦卢的发展受到多种因素的影响，人们自然会担心当地社会的贫困问题。然而，大多数图瓦卢人并不知道什么是"贫穷"。每个图瓦卢人都有土地，传统意义上的关怀和分享保障了国民的基本生活，没有人遭受绝对的贫困。2013 年，太平洋岛国秘书处公布的图瓦卢人口密度为每平方公里 420 人，经济增长率为

1.1%，国内生产总值为 3817 万美元，人均国民收入为 3407 美元。《2005～2015 年图瓦卢国家发展计划》将涉及国民生活的一些建设列入国家发展战略。

一　就业

1．就业法规

图瓦卢独立后继续实施《1966 年就业法》，该法案对就业监管做了详细规定。其中第 27 条规定，在任何情况下，只要部长认为某种职业的最低工资不合理，他就可制定全国范围内以及具体地区某种职业的最低工资标准。但在制定标准前，部长应与该行业的雇主代表以及工人代表协商。同一薪酬级别的公务员，无论男女，享有同等报酬。

第 77 条规定，女性不能从事任何夜间工作，但以下情况除外：

有些原材料在加工过程中极易变质；

当发生不可预见的紧急情况时；

在夜间工作的负责人不是从事体力劳动；

夜间工作是护理、照顾病人，或其他保健、福利工作；

在电影院或其他剧院对公众开放期间；

从事与酒店、招待所、酒吧、饭店或俱乐部有关的工作；

作为注册药剂师，需要在夜间工作；

夜间工作性质不违反图瓦卢加入的国际公约的有关规定。

第 78 条规定，如果发生严重的紧急情况，或公众利益有所需要，部长可颁布法令，暂停禁止在夜间雇用妇女的规定。

根据该法案，妇女享有 60 个工作日的全薪产假。无论在公共部门工作还是在私营部门工作，哺乳期妇女每天有两次母乳喂养婴

儿的时间。但是，对于年薪超过 400 澳元的国家公务员或者职员，
该法案则不适用。

2. 职业、行业分布

由于图瓦卢国土面积小、工业活动有限，公民主要集中在政府
和国营企业就业。2012 年，政府和国营企业提供的就业岗位占全
部有酬就业岗位的 69%。图瓦卢私营部门相对较少，政府主导着
经济命脉。在私营部门就业的人数占总就业人数的 28%，在非营
利组织（民间社会组织和非政府组织）就业的占 3%。大多数男性
受雇于基础部门和生产部门、经营和管理部门以及从事服务行业的
部门。女性主要在公共管理和公共服务、房地产、商业服务以及批
发、零售领域工作。男性在所有其他行业都有分布，且占主导地
位。不同行业雇员的性别分布与职业分布中的性别分布基本一致。
据 2012 年初步统计，图瓦卢从事公共管理和公共服务的人最多，
约占总就业人数的 36%；此外，依次为电力、煤气、水和建筑业，
约占总就业人数的 22%；房地产和商业服务部门约占 20%；批发、
零售、宾馆、饭店等行业约占 10%；运输、仓储、通信和保险等
行业约占 9%；其余 3% 的人从事农业、渔业、印刷出版业。

尽管女性公务员的人数比男性公务员多，但是她们大多就任低
级职位。近年来，女性在政府部门就任高级职位的人数有上升的趋
势。

二　谋生手段

富纳富提环礁和外岛的生计活动有很大的差异。富纳富提环礁
没有足够的耕地，人们主要从事经济贸易。如果富纳富提环礁居民
既没有在贸易领域就业，又失去了赖以维持生存的传统谋生方式，

那么他们的生活会更艰难。外岛居民不必从事经济和贸易活动仍可维持生存。

外岛岛民主要依靠圈养牲畜（比如猪和家禽）、从事手工业和渔业、种植庄稼来谋生。最普遍的谋生手段是圈养牲畜，吸纳农村就业人口的7%；其次是从事手工业和渔业，约占6%，从事农业活动的约占3%。女性除了做家务活之外还从事手工制作，男性则主要从事渔业和种植庄稼。在圈养牲畜方面，男性和女性的比例基本持平。

相对而言，图瓦卢国内居民生活非常艰苦，外国援助资金大部分用在了基础设施建设方面。近年来，欧盟、英国、日本和中国台湾成为图瓦卢重大基础设施建设项目的资助者。这些赞助包括提供各岛之间的渡轮、改造中学、建设新外岛小学、改造玛格丽特公主医院、新建政府办公大楼和富纳富提发电站。基础设施的改善为居民提供了更多的便利。图瓦卢政府还重建了富纳富提道路和机场跑道，促进外岛的电气化建设和改造升级电信设备。

图瓦卢很多居民为了生存，选择到国外打工赚钱。截至2014年，有6000多名图瓦卢人抛妻别子去海外工作。海外汇款是家庭收入的一个重要来源。当地居民没有其他谋生的办法，只能依赖在外打工的亲戚汇款回来。商人们从国外进口食品和日常生活用品，然后再卖给当地居民。

由于多数图瓦卢人文化水平较低，在国外只能做清洁工人、宾馆房间清洁员等低层次的工作，每个月的收入更是少得可怜，每周只有不到100斐济元（约合55美元），这样的收入在当地只能维持生存。只有个别幸运的图瓦卢人能够谋得较好的职业，中国《广州日报》记者王飞在斐济楠迪一个海岛上遇到了能歌善舞的图瓦卢人图赛娃，她应聘到岛上做舞蹈演员兼服务员和歌手，每周的收入有 180 斐济元（约合 100 美元）。她每周只花 80 斐济元，每个月都要寄回家 400 斐济元来供养仍在图瓦卢生活的父母。①

　　由于往返图瓦卢的交通费用昂贵，家人的每次重逢都是那么珍贵。由于一些图瓦卢人常年在外打工，十余年未见父母是非常普遍的。每到飞机降落时，很多人围在机场出口处，看看有没有自己熟悉的人，打听在外打工的亲人情况。

　　三　消费与物价

　　图瓦卢在很大程度上依然保留着传统社区系统。每个家庭都有自己的任务，例如钓鱼、建筑房屋等。这些技能由父母传授给孩子。女性使用贝壳和其他果实外壳做成装饰品，摆放在家中。但是，这些不能满足家庭的需要，大部分岛屿有副食商店，类似于便利店，可购买到罐头食品和成袋的大米，但是新鲜蔬菜极少。

　　海水上涨夺去了图瓦卢很多的资源。图瓦卢总理私人秘书萨罗阿（Kelesoma Saloa）说："以前人们还种一些蔬菜和庄稼，现在没人种了，海水一过，什么都会死去。"过去，洼地的海拔比海平面要高，地表可以储存一些淡水，图瓦卢人能够在洼地里种植沼泽芋头和一些蔬菜。现在，洼地已经低于海平面，从珊瑚礁渗出来的全是海水，沼泽芋头根本无法存活，所以现在图瓦卢人也改吃大米了。由于农业种植受到影响，90% 以上的食物要依靠进口。由于没有工业生产，小到毛巾牙刷，大到空调、摩托车，全部都要依赖进口。这里的物价很高，1 辆普通的摩托车售价合人民币 1.2 万元，

---

① 王飞：《图瓦卢 50 年后沉入海底》，《广州日报》2009 年 12 月 2 日。

1 条普通的毛巾售价约合 17 美元，1 个收音机售价约合 35 美元，购买 1 瓶矿泉水要花 2 美元。来自中国广东的老罗在图瓦卢开了一家超市，每年从国内进口很多日常用品，然后在当地出售，每年能赚约合 100 万元人民币。[①]

图瓦卢进口的商品多数来自澳大利亚，销售价格很大程度上取决于进口价格。新鲜蔬菜成为当地极为珍贵的食品。快餐店的肉类有猪肉、羊肉、鸡肉、牛肉、鱼等，主要从斐济、澳大利亚、新西兰运来。蔬菜一般有洋葱、胡萝卜等。如果想吃蔬菜，就只能采取空运的方式运输，每公斤要花几十美元运费，当地人基本消费不起。因此，在大小餐馆里，全是肉类食品，烧鸡饭就只有鸡肉和米饭，咖喱牛肉只有咖喱和牛肉。

四 住房和饮用水

住房是人类的基本需求。图瓦卢的房屋多数有顶没有墙。这些房屋只是简单地砌了几处承重的架构，而没有完全封闭的墙体。如此建房一是为了节省砖、石等材料，降低造价；二是因为当地气候温和，只需挡雨，无须遮风。他们的房间和生活的方方面面从屋外看简直是一目了然。

外岛的房屋建在公共土地上。2002 年，全国人口普查结果显示，图瓦卢共有 1261 处永久性住宅，有 269 处传统房屋。

大部分房屋为混凝土结构或木结构。单套住房较多，占 77%；在单套住房中，混凝土结构的房屋占 64%。努库费陶环礁和瓦伊图普环礁的大多数永久性住房是混凝土结构的，而富纳

---

① 王飞：《图瓦卢 50 年后沉入海底》，《广州日报》2009 年 12 月 2 日。

富提环礁的大部分房屋是木结构的。在外岛使用传统材料建房比较普遍。居住在外岛的居民拥有不错的住房。2012 年图瓦卢全国房屋情况见表 5 - 1。

表 5 - 1　2012 年图瓦卢全国房屋情况一览

环礁、岛屿	住房类型											
	永久性住房					2层以上的楼房	非居民楼附属的住处	旅馆	传统房屋	社会机构	其他	总计
	单一住房			非单一住房								
	木结构	混凝土结构	木结构和混凝土结构	木结构	混凝土结构							
纳诺梅阿环礁	40	14	5	0	0	0	0	0	69	0	0	128
纳努芒阿岛	2	49	22	0	0	0	0	0	46	0	0	119
纽陶岛	25	27	32	0	0	0	0	0	59	0	0	143
努伊环礁	4	12	37	0	0	0	0	0	54	0	1	107
瓦伊图普环礁	63	95	12	9	43	0	0	0	14	10	1	247
努库费陶环礁	1	95	2	0	1	0	0	0	13	1	6	119
富纳富提环礁	270	243	40	18	27	6	2	1	12	0	20	639
努库莱莱环礁	2	9	9	54	0	0	0	0	2	0	1	78
纽拉基塔岛	7	1	1	0	0	0	0	0	0	0	0	9
总　计	414	545	160	81	71	6	2	1	269	11	29	1589

在富纳富提环礁，靠近海边的家庭住房一般为两层，下面是空的，上面住人。兰仪酒店为两层结构建筑，政府办公大楼为三层结构建筑。议会大厅为砖瓦结构，只有屋顶和柱子，四壁空荡透风。

水是人类和动物赖以生存的基本资源。图瓦卢由珊瑚礁构成，国土上没有淡水河流和溪水，饮用水源完全依赖雨水。多年来，为家庭屋顶安装收集雨水的水箱已成为政府优先考虑的事项。大部分农村地区安装了水箱，在外资援助下，社区也建造了储水池。安装了水箱的家庭卫生条件比较好，部分安装了抽水马桶以及水封设备。当地水箱数量要比水池多，水箱数量取决于每个岛屿的家庭数量。新的家庭不断建立，但新的储水设备并没有成比例增加，越来越多的居民生活处境不利，在富纳富提环礁表现得更加突出。富纳富提环礁有的家庭没有安装合适的储水设施。作为应对干旱措施的一部分，政府已经在富纳富提环礁和其他一些岛屿设立了海水淡化厂。

外岛大部分家庭拥有容量超过 7 立方米的水箱。根据在富纳富提环礁进行的调查，每户家庭每天的用水量约为 0.6 立方米。在长期干旱天气时，水箱容量小的家庭就会面临用水短缺问题，不过他们还可以使用社区水池储存的水。

五　个人信贷

人们是否有资格获得银行贷款、住房抵押贷款以及其他形式的信贷，有赖于银行的政策。根据政府的一贯政策，贷款人从政府机构贷款必须有工作或相关形式的担保。贷款人从私人机构贷款，只要借贷机构同意，无须出具任何担保，任何人都可获得贷款。男性和女性享有平等的贷款权利，女性在任何时候都享有信贷权。但是在申请住房贷款时，丈夫和妻子须在同一申请表上签字。因为在家属津贴体系中，丈夫和妻子是一个整体。

全国妇女理事会也会向外岛的妇女个体或组织发放贷款。全国妇女理事会在新西兰和联合国开发计划署的资助下设立了专项基金，通过发放贷款、周转信贷资金等形式帮助妇女。但是，全国妇女理事会面临无法收回基金本金的压力。贷款的妇女不懂得如何开办公司、管理财务，公司经营往往陷入困境，连贷款本金都难以偿还。

开发银行用于贷款的资金主要来源于国内居民的储蓄。开发银行主要为新创办的公司和扩大企业规模的公司提供贷款。

六　社会福利

图瓦卢实施的国家退职储蓄基金和其他福利计划也是确保国民基本生活的重要保障。

根据《1984 年国家退职储蓄基金法》，图瓦卢设立国家退职储蓄基金（TNPF）。1984 年以前，政府的退休金计划只针对公务员。根据 1984 年的法案，国家退职储蓄基金为公共和私营部门的工作人员提供退休金和其他福利。国家退职储蓄基金来源于以下两个方面。一是在职工作者缴纳的资金。从 2000 年起，雇员和雇主各支付工资的 10%。二是来自基金的安全投资和收益。1984 年的法案规定，45 岁及以上雇员可自愿退休，法定退休年龄为 55 岁。非岛内公民以及家庭年收入低于 400 美元的人，可以不缴纳国家退职储蓄基金，所有其他工作者必须缴纳。

国家退职储蓄基金为会员提供的福利包括以下四个方面。

（1）住房计划。凡是会员年龄达到 45 岁并且个人基金账户里资金达到 20000 美元，就可以将资金取出建房或买房。

（2）妇女家庭补助金。妇女为照顾生病的丈夫或孩子，从工作岗位辞职后可取出其所有的储蓄基金。只有工作部门出具正式的离职通知，她才可取出全部的储蓄基金。

（3）会员贷款计划。按照规定，会员可向国家退职储蓄基金提出贷款申请，额度最多为其存款的30%。由于没有正式的信用合作计划，所以该项贷款计划未能得到实施。

（4）死亡抚恤金。会员在死亡之后，可以获得抚恤金。如果抚恤金没有指定受益者，将由行政长官分配给死者的直系亲属。

图瓦卢没有专门帮助穷人、老人和包括失业人员在内的弱势群体的福利计划和社会机构。但是，社会成员均可享受政府实施的两项相关计划：一是为优秀学生提供政府奖学金，供他们在国外高等院校学习；二是政府为转诊到海外接受治疗或在国内治疗后送往国外诊治的病人支付所有的费用。

图瓦卢没有直接的已婚妇女津贴，女性同样有资格享有政府提供的奖学金和医疗计划。已婚妇女不能获得儿童津贴和住房津贴。但根据奖学金计划，在发放儿童津贴时，已婚妇女同样有资格获得补助。学费会直接付给学校，含辅助津贴在内的生活津贴会发放给妇女，图书津贴以家庭为单位发放。已婚女公务员自己租房时享有住房津贴。

第二节　医疗卫生

一　医疗概况

图瓦卢政府为国民免费提供医疗保健服务。图瓦卢首都富纳富提有 1 所医院，50 张床位。农村岛屿均设有生殖保健中心。

2013 年，图瓦卢女性占全国总人口的 50.6%，其中 47.3% 的女性到了生育年龄。按照当地习俗，15～49 岁为"安全孕产"年龄，处于生育健康的最佳阶段。按照国家的医疗政策，所有孕妇均可接受专业助产服务。玛格丽特公主医院产科、外岛的生殖保健中心为产妇提供从怀孕到婴儿出生、母婴健康出院的所有保障服务。

外岛生殖保健中心由 1 名高级助产士、2 名护士组成，主要负责妇女和 5 岁以下儿童的保健工作，包括安全孕产、儿童保健以及其他相关治疗。另外，各外岛人口少而且居住分散，昂贵的交通运输费用以及面临的种种后勤保障问题，有时会造成某些中心的药物供应不足，而临近过期的物品又库存过多。

外岛的病人可自费或通过政府的转诊制度在玛格丽特公主医院接受治疗。如果病情复杂，在玛格丽特公主医院无法治疗，可通过图瓦卢医疗计划（TMTS）转诊到海外接受治疗。根据图瓦卢医疗制度，所有医疗转诊和护送费用都由政府资助。该体系惠及外岛居民以及转诊到斐济或新西兰接受治疗的患者。海外医疗间接津贴会支付给不同的人和机构。治疗费用会直接付给医院，住房津贴则直接付给房东，生活津贴会直接支付给受益人，初级护理人员会获得其他津贴。上述所有津贴都不用纳税。

图瓦卢的传染性疾病主要是由病原体传播造成的，非传染性疾病主要是因为饮食结构不合理、不科学造成的。由于条件有限，政府机构没有对居民饮用水进行检测，农村厕所普及率仅有 87%。政府没有精力去建设统一的标准来保障环境安全和个人健康。

二 主要疾病

与欧洲和美国开展商业贸易后，岛国面临的最主要的疾病是肺结核。1975～2009年，患有结核病的病人数量不断下降，从平均每年36例下降到平均每年19例。20世纪末，图瓦卢人面临的最大的健康问题是心脏疾病，这是造成死亡的首要原因，其次是糖尿病、高血压。2014年，世界卫生组织（WHO）证实，登革热①在图瓦卢再次暴发。这是时隔二十年后，这类疾病在太平洋岛国再次出现。

1. 传染性疾病

当地居民患传染性疾病的主要来源是传染性病毒，五大主要致病源包括脓疮伤口、流感、急性呼吸道传染、头痛、咳嗽，患者中患有皮肤感染、急性呼吸道传染病、眼部感染、丝虫病、结核病的居多数。2004年，图瓦卢报告了119例乙肝病毒、67例梅毒、4例淋病感染病例。2014年，患结核病的人数又有所增加，政府加紧实施了治疗结核病方案和治疗丝虫病的方案。

1995年，图瓦卢报告了首例艾滋病病例。截至2014年，全国共有30多名艾滋病病毒携带者和患者。患者大多数是船员和留学生，因为他们大部分时间居住在海外。富纳富提环礁的玛格丽特公主医院成立了艾滋病病毒临床医疗小组，他们负责治疗、照顾艾滋病病毒携带者和艾滋病患者。该临床小组成员来自图瓦卢家庭保健

---

① 登革热（Dengue fever）是由登革病毒引起，经伊蚊传播的一种急性传染病，是东南亚地区儿童死亡的主要原因之一，其潜伏期通常为5～7天，具有传播迅猛、发病率高等特点。主要分布在热带及亚热带地区，患者有可能出现极度疲倦或抑郁症状，少数患者会恶化至登革出血热，并进一步出血、休克，登革热引起的并发症往往是致人死亡的主因。

协会，包括 3 名医务人员（保健科主任、妇产科主任、艾滋病病毒科协调员）、2 名高级护理人员、1 名临床护士以及 1 名药剂师。该小组制定了治疗艾滋病病毒携带者和艾滋病患者的医疗方案。

社会变迁会对青少年产生巨大影响，使性疾病传播迅速。富纳富提环礁市区的年轻人面临的危险在增加，酗酒问题更加剧了这种风险。年轻人对艾滋病病毒、性传播疾病不够重视。由于社会流动的加大，赴海外工作的年轻人越来越多，船员带来的性传播疾病、艾滋病病毒成为威胁图瓦卢人健康的主要问题。性传播疾病已经给社会造成不良影响，政府正在提高人们对性传播疾病的认识，并采取预防措施来保障人们的健康。

卫生部、图瓦卢家庭保健协会、全国妇女理事会、妇女事务局和其他非政府组织以及图瓦卢各部委联合行动，促使利益相关部门提供一系列生殖保健服务，包括开设生殖健康诊所，为弱势群体提供健康资助。

2. 非传染性疾病

图瓦卢三大非传染性疾病为糖尿病、高血压和肥胖症。女性更容易患非传染性疾病，患以上疾病的人数不断增多。和其他太平洋岛国一样，非传染性疾病是由生活方式不当引起的。该疾病造成了图瓦卢高死亡率和高残疾率。其他非传染性疾病还有心脏病、中风、癌症等。在太平洋地区，由非传染性疾病引起的重大社会、经济以及健康问题与日俱增。为更好地了解健康状况，卫生部开展了一项全国调查，以确定引起这些非传染性疾病的原因。调查结果显示，常见的危险因素包括吸烟、喝酒、运动量不足以及不健康的饮食习惯。调查还显示，越来越多的女性患有非传染性疾病，尤其是肥胖症，妇女吸烟和喝酒的人数有所上升。为此，政府加大了预防

非传染性疾病的宣传力度，新食品安全法和烟草法的通过有助于降低非传染性疾病的发病率，部分糖尿病和高血压患者也前往非传染性疾病诊所接受治疗。

由于长期以肉类作为主食而没有食用青菜，当地人在三四十岁就普遍患有脂肪肝、高血压、高血脂、心脏病等疾病。过去当地人的平均寿命还不到 50 岁。

当地凡是超过 30 岁的人，几乎都是肥胖症患者，轻的有 75 公斤，重的超过 100 公斤的也不少见。"很多图瓦卢人都是猝死"，"因为他们太过肥胖，心肌梗死常常发生，前一天还活蹦乱跳，第二天就突然没了"。

越来越多的当地人摒弃了传统的烹饪方式和饮食习惯，追随西方饮食习惯也是造成非传染性疾病的一个原因。糖尿病和高血压患者增多，这表明人们的体质在下降，饮食结构或饮食习惯需要调整，而且女性更容易患这些由于生活方式改变而引起的疾病。另外，结婚以后女性参加的体育运动减少，这是造成肥胖的主要原因。

三　玛格丽特公主医院

玛格丽特公主医院位于富纳富提环礁的丰迦法莱岛上，是全国唯一一所医院。2010 年，政府卫生总预算为 4696042 澳元。医院有 50 张病床，有常规内科、外科、产科和妇科等科室。医院设有重症监护室（ICU）、手术室、护士站。

玛格丽特公主医院建院历史悠久。1913 年，该医院在瑞文（G. B. W. Smith-Rewse）的指导下建立于富纳富提环礁，瑞文当时担任富纳富提环礁的民政事务专员。1916 ~ 1919 年和 1930 ~ 1933

年，麦克诺顿博士和麦弗逊博士分别担任管理者。在殖民地时期，图瓦卢医生在苏瓦医学院接受培训后，在该医院继续提供医疗服务。1928 年，医院更名为中央医学院，后来成为斐济医学院分校，培训当地的医护人员。第二次世界大战期间，该医院被美国军队拆除，医疗设施被转移到丰迦法莱岛上，而美国西蒙·佩尼博士（Dr. Simeona Peni）在维勒岛（Vailele）上为美国人建立了医院，专门为美国士兵提供医疗服务。1972 年 10 月，旋风贝贝（Cyclone Bebe）袭击了富纳富提环礁，给医院造成巨大损失。图瓦卢独立后，由新西兰援建的新医院在丰迦法莱岛上落成，以玛格丽特公主医院命名，1978 年 9 月 29 日正式运营。当前，玛格丽特公主医院建筑是 2003 年由日本政府提供的经费建设完成的。玛格丽特公主医院得到了来自菲律宾、中国、德国、俄罗斯和缅甸等外籍医生的帮助，他们的志愿服务是在联合国志愿人员组织（UNV）资金支持下进行的。在医院从事医疗援助的最后一名联合国医疗志愿人员从 1997 年工作到 2002 年。2008 年，古巴决定派遣医生前往图瓦卢进行医疗援助，并向图瓦卢的学生提供医学教育。

玛格丽特公主医院提供一般医疗和转诊服务，为图瓦卢人提供医疗保障。玛格丽特公主医院可为病人提供基础手术，能实施胃溃疡、阑尾炎、疝气等治疗手术和切除病变组织以及其他小手术。眼科、整形外科专家来自澳大利亚。由于玛格丽特公主医院医疗设施不完善，所以不能开展大手术以及高难度医疗救治工作。病情严重的患者需要到斐济、新西兰接受治疗。政府制定了一套医疗护送制度，该制度自图瓦卢独立时起开始实施。医疗护送是国外医疗援助的一部分。2010 年，共有 18 名患者被送到国外接受手术。

2011 年，玛格丽特公主医院的医务人员包括健康与外科主任、公共卫生首席专家、麻醉师以及牙医、儿科和妇产科的医生。助理医疗人员包括 2 名放射技师、2 名药剂师、3 名实验室技术员、2 名营养师、13 名护士。此外，还有 4 名古巴医生志愿者。医院对护士进行专门培训，内容包括外科护理、麻醉护理、儿科护理和助产等。当前，该医院医生大多毕业于斐济医学院，也有医生在澳大利亚、夏威夷医学院获得学位。玛格丽特公主医院实验室可检测梅毒、乙肝病毒和艾滋病病毒，不能对沙眼体和淋病进行检测。检测淋病和沙眼体的尿液样本仍需送到墨尔本。

四 图瓦卢家庭保健协会

图瓦卢没有提供正式私人医疗服务的组织，非政府组织可以提供医疗服务，如红十字会主要帮助残疾儿童康复；图瓦卢家庭保健协会主要进行性健康和生殖健康的教育服务；糖尿病协会主要进行有关糖尿病治疗的服务。

图瓦卢家庭保健协会成立于 1989 年，主要为社区青少年提供保健服务，涉及生殖保健、性健康教育、戒毒以及性传播疾病和艾滋病的治疗、青少年犯罪的预防和进行生活技能培训。图瓦卢家庭保健协会积极开展性健康和生殖保健讲习班，并通过广播和戏剧表演向富纳富提环礁和外岛社区青少年宣传有关预防疾病的知识。

五 海外援助

海外援助对于图瓦卢改善医疗环境、提高医疗水平具有重要作用。来自中国、德国、菲律宾等国家的国际志愿服务人员帮助图瓦卢医护人员提高了医疗水平。日本、古巴的帮助对于加强医疗基础设施建设、培养医护人员起到了重要作用。从 2008 年起，日本政府实施了图瓦卢基层计划，为图瓦卢政府提供了大量资金，外岛社区的医疗基础设施有所改善，日本还为瓦伊图普环礁、纽陶岛和努伊环礁购置了住院护理设施。古巴派遣了医生志愿者前往图瓦卢工作，并向前往古巴学习的图瓦卢学生提供奖助学金和医学教育。

第三节　妇女的地位与发展

一　妇女工作取得的成绩

妇女参与图瓦卢社会发展工作可以追溯到 100 年前。妇女在促进社区发展、国家社会与经济福利方面发挥着重要作用。各个岛屿都有一个围绕教堂发展起来的妇女组织。这些组织的主要目标是促进家庭、社区的健康发展。女性在维护图瓦卢价值观和文化传统方面发挥着重要作用。她们拥有丰富的传统知识，被认为是图瓦卢价值观和文化的保管员。她们懂得传统手工艺，会把手工艺技能传授给女儿和其他女性。妇女经常编织草席、缝制传统的舞蹈裙、制作贝壳项链，成为传统文化的传承人。而且，制作手工艺品已经成为年轻女性适应社会生活的重要方式，出售手工艺品是农村女性和部分首都女性赚钱、保持经济独立的一种途径。女性积极参与家庭、社区甚至全国性的文化活动。

当前，政府在保障妇女权利、提升妇女地位方面制定了相关政策。图瓦卢还加入了一些国际组织和机构，签署了提高妇女地位的宣言。提高妇女地位和实现性别平等是政府的目标，政府通过与非政府组织、媒体、国际组织等开展合作，取得了一些成绩。政府将两性平等列入《2005～2015 年图瓦卢国家发展计划》中，可见政府在改善妇女地位方面的决心和努力。业经修订的妇女政策将妇女地位和妇女法律纳入国家发展计划。它主要关注妇女的人权，消除对妇女和儿童的暴力，审查对妇女有歧视性的法律等。根据妇女政策，妇女在就业、财产等方面具有知情权。近年来，妇女事务部与全国妇女理事会合作，进行了关于土地、监护权等问题的培训。政府加强与司法部门、警察部门合作，开展人权方面的培训。除与土地有关的事宜外，女性在政治、经济、文化、社会和家庭生活等方面与男性拥有同等的权利。在健康、教育、参与有薪工作方面，妇女的状况有了显著改善。

2006 年，时任图瓦卢内政部部长威利·泰拉维在国际劳动妇女节开幕式上的讲话，表明政府提高妇女地位的决心，保护妇女免于遭受暴力行为。

近年来，在新制定的妇女政策的引导之下，在政府、国际组织、国内非政府组织的共同努力之下，图瓦卢妇女的地位明显提升。

尽管女性在社区发展方面发挥着积极作用，但是在图瓦卢大部分正式决策场合，例如酋长院，妇女还不能完全参与。性别偏见和传统观念阻碍了女性参与正式决策机构的活动。为解决这个问题，政府已开始在农村地区开展性别问题培训和提高人们对《消除对妇女一切形式歧视公约》的认识。由于妇女不能参加酋长院会议，所以她们对很多重要问题缺乏理解。要真正提高妇女地位，必须改变一些传统习俗，保障妇女合法权益。

尽管国家有关法律规定男女平等，但在实际情况下，女性处于不利地位，由于体制和社会方面的障碍以及文化信仰因素，女性仍未被平等地对待。

二　城乡妇女之间的差距

农村妇女占图瓦卢妇女的47%，她们接受的教育和享受到的社会福利明显低于城市妇女。就农村妇女受教育程度而言，据2012年的统计，63%的人接受过小学教育，25%的人接受过初中教育，6%的人接受过高等教育，5%的人没有受过教育，1%的人属于其他情况。而城市女性受教育程度比农村女性要高。大多数农村女性忙于家务，还从事手工制作、参与小型活动，以弥补家庭收入的不足。2012年，只有5%的农村女性有固定收入。女性对社区甚至整个国家的发展和进步发挥着至关重要的作用。她们要积极筹集资金来满足社区的各种需求，包括孩子的教育投入、教会活动以及其他生活方面的需要。

由于农村妇女在教育技能、技术、资金等方面受限，土地是她们重要的生产资料。政府试图在经济发展方面帮助农村女性，农村地区已经开始重新种植"多哥"（togo，传统农作物），政府还资助女性团体积极开展家庭园艺项目，以推广健康均衡饮食。

首先，从女性获得贷款的情况来看，富纳富提环礁女性获得的贷款最多。这主要是因为越来越多的人搬到首都居住，大约占总人口的50%。其次，受教育程度高和具有一定技能的女性大多住在富纳富提环礁。由于农村地区缺乏担保，农村妇女获得经济援助的机会仍然很有限。此外，农村地区女性文化水平较低，她们没有足够的知识来开办小规模企业。

作为联合国开发计划署资助项目的一部分，"强化地方政府"

项目为农村妇女提供了培训，提高她们在项目管理、项目实施、项目监测和评估方面的技能，还帮助有兴趣经营小型企业或开办小公司的农村妇女提高业务技能。尽管政府和非政府组织提供培训机会，但是只有少数女性参加了上述培训，原因在于女性在家庭和孩子教育方面扮演着多重角色，让女性长时间离开家去参加培训很困难。

三　妇女事务部

图瓦卢独立以后，政府逐渐认识到妇女对社会发展的贡献。1986年，政府在卫生和社会福利部下成立了妇女司。妇女司负责协调全国妇女工作，向妇女提供缝纫、烹饪等生活技能培训，帮助她们发展小型企业，在社会和经济上实现自我地位的提高。1999年，妇女司升级为妇女事务部，妇女事务部每年向政府提供关于图瓦卢妇女和性别问题的建议。

自1995年以来，政府一直把妇女和性别问题纳入发展框架之中。在图瓦卢制定的《1995～2005年图瓦卢国家发展计划》《2005～2015年图瓦卢国家发展计划》，以及签署的《北京行动纲要》《太平洋行动纲领》等文件中，都确认要满足妇女的需求，促进妇女事务的发展。1999年，政府首次确定了涉及妇女发展需要的八个领域，这八个领域的发展任务由妇女事务部负责具体实施。但是，由于受到资金限制以及其他因素的制约，妇女事务部只能部分地实施计划。妇女事务部在制定的《2007～2009年中期共同计划》中，将八个领域压缩成五个领域，包括：提供关于妇女和性别问题的高质量政策建议；确保将妇女和性别问题纳入政府发展计划之中；提高妇女的社会经济地位；维持促进妇女发展的专业组织；帮助政府履行关于妇女和性别问题的国际和区域承诺。

全国妇女工作统筹委员会是妇女事务部的领导机构。该委员会由内阁批准设立。全国妇女工作统筹委员会由相关政府部委、部门的代表和全国妇女理事会、非政府组织协会等非政府组织的高级官员组成。全国妇女工作统筹委员会有权对妇女政策进行修订，监督妇女计划的实施和执行，为政府提供关于妇女和性别问题的建议。内政部常任秘书长担任全国妇女工作统筹委员会的主席，妇女事务部主任、全国妇女理事会协调员、经济规划处主任和司法部法律顾问组成秘书处，辅助主席开展工作。妇女事务部以关键绩效指标为基础，定期向全国妇女工作统筹委员会、发展统筹委员会、内阁汇报。

近年来，妇女事务部一直为图瓦卢公共服务部门和社区进行性别培训和提高妇女对联合国《消除对妇女一切形式歧视公约》的认识工作，目的在于改变男性对妇女的传统僵化态度。妇女事务部认为，两性平等问题是一个跨部门和多部门发展的问题，需要各个部门相互配合，将促进妇女平等纳入政策、计划和实施项目之中。为此，政府已经在公务员中进行了有关性别问题的主流化培训。

四 妇女与国际组织

图瓦卢加入了保证妇女权利和人权的国际公约和国际组织。图瓦卢参加了《太平洋行动纲领》《关于提高亚洲及太平洋妇女地位的雅加达宣言》《北京行动纲要》《英联邦 2005～2015 年性别平等行动计划》《业经修订的太平洋行动纲领》《太平洋计划》《消除对妇女一切形式歧视公约》等。这是图瓦卢妇女机构积极倡导的结果。

在国际组织的帮助下，图瓦卢妇女工作有了很大进展。2004年，联合国开发计划署为图瓦卢政府性别问题资助基金项目（2004～2007年）提供资助。该项目旨在通过对妇女工作提出可行性建议，帮助妇女实现平等发展，促进外部岛屿的妇女发展。项目实施的重点是进行性别培训、社区发展培训，提高妇女的法律素养、领导力以及对艾滋病的认识等。为积极落实《消除对妇女一切形式歧视公约》的相关规定，妇女事务部与全国妇女理事会合作开展了相关培训项目。考虑到图瓦卢大多数妇女和男子用地方语言交谈，政府把《消除对妇女一切形式歧视公约》的条款翻译为图瓦卢语。由于受教育机会增多了，特别是国际组织的参与，社区越来越认识到妇女对社会发展的贡献。妇女认为，她们的社会地位得到了提高。

第六章

环境保护

北极圈里的因纽特人看着不断融化的冰川高兴得手舞足蹈，因为冰川下蕴藏的石油、矿产将会带给他们更加富裕的生活。而太平洋岛国图瓦卢人，却越来越日夜难眠。不断融化的冰川就像一个个巨型炸弹，随时都会将他们的家园卷入海底，永远再难见蓝天。全球气候变暖造成的自然灾害和温室效应，使太平洋地区数个岛国面临消失的厄运，而今后数年内环境恶化还可能导致某些地区出现人口大迁移、能源短缺以及经济和政治动荡等问题。

第一节　概况

图瓦卢最高海拔仅约4.6米，因此气候变化已经成为该国积极关注的话题。图瓦卢是第一批受海平面上升影响的国家之一。海平面上升不仅会使部分岛屿被海水淹没，而且会导致土地的含盐量增加，影响粮食作物生长。

1978年，夏威夷大学在富纳富提环礁安装了验潮仪，它测量出23年以来海平面平均每年上升1.2毫米。这一数据与联合国政府间气候变化专业委员会（IPCC）发布的全球海平面上升估计值一致，他们的估计值为20世纪海平面每年上升1~2毫米。[1] IPCC 预测，在 21 世纪末海平面会上升 40 厘米，这还不包括冰层融化导致海平面上升的潜在影响。这会对南太平洋地区的图瓦卢产生重大影响，意味着图瓦卢整个国家将会被海水淹没。1993年，澳大利亚国家潮汐中心怀疑以上数据的准确性和真实性，作为澳大利亚国际开发署赞助的南太平洋地区海平面和气候监测项目的一部分，澳大利亚也安装了现代测量仪。[2]

2011 年，澳大利亚根据每次涨潮时珊瑚礁的高度以及对包括机场在内的低洼地区淹没情况进行研究，结果显示，"从 1993 年开始，图瓦卢附近海平面每年大约上升 5 毫米"[3]，海平面变化会对21 世纪图瓦卢发展产生影响。澳大利亚发布的报告指出：海表气温和海面温度预计将继续增长；图瓦卢年度和季节性降雨预计将增加；天气酷热、极端降水的强度和频率预计将增加；干旱的发生率预计将减少；在南纬 0～40°、东经 170°～西经 130°之间的东南太平洋盆地热带气旋数量预计将下降；海洋酸化预计将继续；海平面将继续上升。

中国《广州日报》记者王飞曾经采访过图瓦卢气象局的首席预报员塔瓦拉·卡提（Tavala Katea）。卡提指出，"从 1993 年迄今（2009 年），图瓦卢的国土面积已经缩小了 2%"，"在 2000 年之前，富纳富提环礁附近的海水中有一个宽约 5 米、长约 10 米的小

---

[1] Kennedy Warne, "Dance of a Dangerous Sea", *Canadian Geographic Magazine*, October 2008, p. 58.

[2] John R. Hunter, "A Note on Relative Sea Level Change at Funafuti, Tuvalu", Antarctic Cooperative Research Centre, Retrieved 13 Oct 2011, http://staff.acecrc.org.au/~johunter/tuvalu.pdf.

[3] "Ch. 15 Tuvalu", *Climate Change in the Pacific: Volume 2: Country Reports*, Australia Government: Pacific Climate Change Science Program, 2011.

岛，当时岛上生长着大量椰子树，从办公室就可以看得清清楚楚。如今，这个小岛已经沉到海底了，只有退潮时才能看到一点点外形"。卡提所提供的一组监测数据显示，从 1993 年至 2009 年的 16 年间，图瓦卢的海平面总共上升了 9.12 厘米，按照这个数字推算，50 年之后，海平面将上升 28.5 厘米，这意味着图瓦卢至少将有 60% 的国土彻底沉入海中，这对图瓦卢意味着灭亡。该国陆地由珊瑚礁组成，全球气候变暖会导致珊瑚的生长速度减慢甚至大量死去，被珊瑚礁托起来的图瓦卢也会因此而"下沉"。首都所在的富纳富提环礁呈长条形，只有机场所在的岛稍宽一些。在其他岛上，涨潮时随便一个海浪扑过来，就会直接越过整个海岛流到另外一边，所有东西都会被海水打湿。有时海水从地底下的珊瑚礁中渗了上来，平地就变成了一个个池塘。

图瓦卢的环境问题已经引起了全世界的关注，矿物燃料排入大气中的二氧化碳气体增多，导致了全球气候变暖，在一定程度上影响着图瓦卢的命运。2002 年，图瓦卢曾向联合国控告美国和澳大利亚两国过量排放二氧化碳。一些图瓦卢人也开始准备离开他们的家园。英国《卫报》曾经刊登了评论文章《海平面上升导致岛民背井离乡》。

学者们通过对图瓦卢进行实地考察，重新整理科学材料，并与气象专家和其他学者探讨研究，搜集到了很多重要证据，证明图瓦卢和该国居民确实处境艰难，甚至面临着大劫难。有学者认为，海平面上升并不是导致问题出现的唯一原因，海平面上升确实给该国的生存带来了危险。图瓦卢国家首席气象顾问希里娅说："我觉得我们处境危险……从 20 世纪 80 年代开始，飓风和热带风暴频繁登陆。1999 年遭受了一场大旱。高涨的洪潮也不断侵袭小岛。反常

的巨浪不断地拍打着岸礁，岛上出现了另一种形式的水患。20世纪末，水从地表渗透出来，形成了一个个水塘，然后逐渐与大海连成一片。地表积水与降雨没有丝毫的关系。"

1995～2005年，瓦伊图普环礁的海滩向后退了3米。努库费陶环礁附近的一座小岛已经被海水"淹没"了，另一座小岛也几乎消失，海水逐渐吞噬小岛残存的1/3的陆地。过去，巨浪和风暴往往在11月、12月出现，如今却可能随时发生。在富纳富提环礁南端有一座临海的会议大厅，据老人们讲，这里曾经是小岛的中心。环境问题成为图瓦卢政府首先面临和亟须解决的问题。环境变化给图瓦卢人带来的不仅是物质上的损失，也是心理和精神上的挑战。

第二节　影响环境的因素

岛民们经常讲述愈发猛烈而频繁的风暴的故事。蒂普卡岛曾经风景怡人，居民们在茂密的森林里漫步，在清澈的潟湖中游泳，用弯刀砍开椰子畅饮椰汁。那里曾经有伊甸园般的景色。然而，现在蒂普卡岛的景象令人毛骨悚然，土地变得光秃贫瘠，寸草不生的沙丘上散落着废弃的塑料瓶和各种垃圾。

一　二氧化碳气体排放

早在19世纪，科学家们就开始推测二氧化碳和大气温度的关系。但是直到1958年，斯克里普斯海洋研究所的查尔斯·戴维在夏威夷的活火山地区设置了高精度的气体分析仪器之后，才得到了精确的大气中二氧化碳含量数据。大气中二氧化碳总量与年俱增的观点也得到了广泛的认可。20 世纪 80 年代，通过对南极洲和格陵兰岛的原始冰川进行深层冰核样本分析，科学家揭示了二氧化碳含量和气温之间的密切关系。研究还表明，21 世纪的二氧化碳含量比过去 44 万年间的任何时候都高。在工业革命前，大气中的二氧化碳浓度一直相对稳定。工业革命之后数年中，它的浓度攀升了近 1/3，而 21 世纪更是以每年 0.4% 的惊人速度增长。

20 世纪百年时间，地球表面的平均气温上升了 0.7℃ ~ 0.8℃，上升幅度达近千年来的最高值。气候变暖带来的热量九成以上被海洋吸收，造成海洋上层变暖。有数据显示，自 1971 年以来，全球冰川普遍出现退缩现象。格陵兰冰盖和南极冰盖的冰储量减少。20世纪百年间，全球海平面上升 19 厘米，平均每年上升 1.9 毫米。温暖的气候也威胁着热带珊瑚的生存。根据过去 50 年科学家的监测数据，升温现象主要是由人类活动所致。科学家借助全球气候模型来推导未来的气候变化，所有的结论几乎一致：到 2100 年，气温将上升 1.4℃ ~ 5.7℃，21 世纪百年间海平面将上升 8.9 ~ 88.4厘米。即使海平面只上升 30 厘米，热带海岸线也会后退 30 米。海平面上升主要是海水受热膨胀所致，但也有一部分海水来源于冰川和冰盖的融水。

二氧化碳的排放与全球气候变暖有着紧密的联系，图瓦卢的领导者们呼吁："一些国家应该立即行动起来，减少温室气体的排放。"其中的"一些国家"指的是美国和澳大利亚。它们分别是温室气体排放总量和人均排放量最高并且拒绝在关于逐渐减少温室气体排放的《京都议定书》上签字的发达国家。"美国，只有世界人口的一小部分，却消耗着世界资源的 25%"，图瓦卢外交部部长曾公开指责说，"他们美国人过着优越的生活，一切是那么便利，平均每个家庭有三四辆汽车。他们应该感谢生活在这里的人民所付出的一切"。

2014 年 7 月，第 45 届太平洋岛国论坛在帕劳科罗尔市举行，与会岛国领导人呼吁发达国家大幅度削减二氧化碳排放量，应对海洋变暖、海平面上升和海洋酸化问题。2015 年 12 月，近 200 个国家和地区谈判代表参加了巴黎气候大会。经过协商，各方决定"加强对气候变化威胁的全球应对，把全球气温升幅控制在 2℃ 以内"，这对图瓦卢来说是个好消息。

二　厄尔尼诺现象

当然，位于赤道地区的太平洋区域的气候受诸多因素的影响，图瓦卢参加了太平洋区域环境规划署（SPREP）秘书处的工作。太平洋地区环境规划署称："图瓦卢气候变化受系列因素的影响，例如信风气候、哈德利模式、沃克环流，以及季节性气候。季节性气候包括南太平洋辐合带、半永久性的副热带高压带，还有向南的纬向西风带，还有以年为主导变化的厄尔尼诺现象。""大量的研究表明，全球气候变暖和厄尔尼诺现象是加剧当前气候变化的主要影响因素。"

"厄尔尼诺现象对于横跨太平洋的海平面有很大的影响，会影响到极端海平面现象的发生。在厄尔尼诺现象影响下，被削弱的信风无法维持跨热带太平洋地区正常的海平面梯度，导致西太平洋地区海平面的下降和东太平洋地区海平面的上升。赤道附近南北纬 10° 以内的太平洋岛屿受到厄尔尼诺现象的影响最强烈。"厄尔尼诺现象发生后，由于暖流的增温，太平洋由西向东吹的季风大为减弱，使大气环流发生明显改变，极大地影响了太平洋沿岸各国气候，使本来湿润的地区变得干旱，使干旱的地区出现洪涝。厄尔尼诺现象遍及东太平洋沿赤道两侧的全部海域以及环太平洋国家。进入 20 世纪 90 年代以后，随着全球气候变暖，厄尔尼诺现象出现得越来越频繁。

三　含水层盐渍化

图瓦卢地表含水层盐渍化直接影响了芋头、椰子等的生长。专家对富纳富提环礁的丰迦法莱岛地下水动力进行了研究，发现潮汐导致含盐的海水污染了地表的含水层。含水层盐渍化程度取决于具体的地形特点和环礁表面的水文情况。丰迦法莱岛土地因不断遭受潮汐侵袭，大约一半成为再生沼泽。潮汐会导致海平面上升，进而加大含水层盐渍化的程度。

四　热带气旋的影响

南太平洋地区易受热带气旋的影响，发生"飓风"。热带气旋风力大，会对岛国造成强力破坏。它不仅在海面上掀起滔天巨浪，使船只沉没，影响国际航运，而且破坏陆地基础设施，给农业、渔业等造成破坏。在强热带气旋的影响下，陆地上的建筑物和海岸上的沙石一起被卷走。

图瓦卢海拔最高点位于纽拉基塔岛上，海拔 4.6 米，这个最高点仅比马尔代夫稍高一点。图瓦卢是世界上第二个海拔最低的国家。然而，这些地区通常容易受到热带气旋的影响。例如，1979年富纳富提环礁周边的威利岛被旋风梅利摧毁，在旋风中岛上所有的植被和大多数沙子被吹走。但是，一些研究者的观点也给图瓦卢人带来了些许希望。他们认为，在当前气旋影响下，环礁和珊瑚礁

岛屿能够通过气旋移动到岛上的沙砾和卵石抬高自己。海平面逐渐上升会促使珊瑚虫活动并以此增加环礁的高度。但是，如果海平面的上升速度超过了珊瑚礁的生长速度，或者海洋酸化减弱了珊瑚礁的增长，环礁和珊瑚礁岛屿的复原和增长就不确定了。

五　其他因素

二战期间，美军在图瓦卢修建了运输补给站，与日本控制的塔拉瓦岛对峙。战争时期修筑的海岸防护墙早已支离破碎，富纳富提环礁的潟湖边缘被海水严重侵蚀。富纳富提环礁的机场跑道、海边防护墙和诸多二战时期建筑的主要材料来源于多孔的珊瑚礁，挖掘珊瑚礁所形成的深坑现在被污浊的海水和垃圾填满了。另外，岛民们一直开采礁石、挖掘沙砾和沙土用作建筑材料，破坏了周边的生态环境。20 世纪 80 年代末，国际援助组织支持岛民用飓风刮来的碎石修补海岸防护墙。

另外，人口激增也是引发图瓦卢环境问题的一大原因，自1980 年以来，富纳富提环礁的人口从 2000 人增加到了 4500 人，人口密度增加，环境污染、过度开发问题不断出现。

第三节　国际援助

图瓦卢国土面积小，海拔低，极易受到不可预测的天气和海平面上升的影响。该国饮用水资源、电力资源、食品、药品等缺乏，成为制约他们日常生活的重要因素。国际社会提供的援助，帮助该国渡过了自然灾害。

2011 年，图瓦卢经历了历史上最严重的旱灾。连续三年降雨不足导致随后出现干旱现象，居民生活用水极端缺乏。由于国家没有地下淡水可供使用，所以只能依赖降雨。严重的干旱导致淡水供应不足，卫生设施、学校和医院被迫关闭，粮食作物种植受到严重影响，干净的饮用水必须从海外购买。澳大利亚对图瓦卢及时伸出援助之手，并继续与图瓦卢合作，保证该国居民长期用水安全。澳大利亚向图瓦卢援助 675000 美元，用于支持图瓦卢应对干旱问题。

根据新西兰《先驱报》报道，美国和新西兰向该国提供了海水淡化设备以及储存淡化海水的水箱，以确保当地民众能够基本解决用水难题。欧盟向图瓦卢提供了大力支持。2008 年 10 月 29 日，欧盟向图瓦卢提供总额为 89.2 万美元的资金，向富纳富提环礁家庭提供了雨水储存设施。这是欧盟落实八个国家与南太平洋应用地球科学委员会（南太地科委）合作协议，协助多国减灾项目的一部分。在富纳富提环礁举行的一个小型仪式上，欧盟代表马尔科姆·庞顿说，该项目的实施是因图瓦卢干旱的发生频率不断增加，富纳富提环礁严重缺乏地下淡水资源，该项目向岛国提供的 300 万升容量的储存设施将会帮助该国渡过难关。南太地科委主任普拉特说，"在图瓦卢实施的重点项目是保障居民用水安全和卫生，解决政府的燃眉之急，因为大多数人口的饮用水都依赖于收集的雨水"，"该项目将促进居民饮水健康，有助于减轻干旱对图瓦卢的影响"。图瓦卢公共工程总监塔胡卢（Ampelosa Tehulu）表示，该项目帮助社区实现了用水自给自足，减少了社区居民对政府储备用水的依赖。该项目还会向政府提供一辆水罐车，以协助水的分配。普拉特表示，该项目的实施有利于欧盟在图瓦卢其他援助项目的运行，如欧盟资助的水资源综合管理国家计划方案、太平洋水文气候观测系统等。

日本除了在供应淡水与环境保护方面向图瓦卢提供大力支持外，在电力方面也派出了专家给予支持。2008 年，日本关西电力公司宣布该公司在图瓦卢建设的太阳能发电站已经完工，并开始投入运营。该电站装机容量为 40 千瓦，年发电量约 5.6 万千瓦时，每年可减少二氧化碳排放量 50 吨。截至 2014 年，作为进军国际电力市场的战略之一，关西电力公司把包括图瓦卢在内的太平洋岛国的电力业务作为重点开辟的市场。

第四节　新能源的开发与利用

图瓦卢因气候变化加剧而面临诸多挑战：一是沿海陆地遭到侵蚀，热带气旋过后所带来的地表积水，可能会引起流行性疾病；二是由于较少的降雨和长期的干旱导致饮用水不足；三是海水侵蚀导致作物种植坑盐碱化，作物无法生长；四是从事渔业工作的人口减少。为此，图瓦卢制定了《国家适应行动纲领》。该纲领将地方机构与当地社区联系起来，共同努力应对气候变化问题。环境部负责协调非政府组织、宗教机构和利益攸关的各方组织机构，共同实施《国家适应行动纲领》，应对气候变化带来的不利影响。

一　政府的努力与承诺

为了应对气候变化，图瓦卢希望到 2020 年实现所有能源来自可再生资源的目标。2013 年，政府总理埃内尔·索波阿加认为，为了免受海平面上升带来的影响，进行海外移民绝不是一个正确的选择，应对气候变化首先是战胜自我。为此，政府应引导公众舆论，获得世界上其他地区政府的支持。

亚洲开发银行《2013年度太平洋气候变化经济学报告》指出，太平洋地区的气候变化对农业、渔业、旅游业、珊瑚礁和人类健康带来了各种潜在的影响。就农业生产来讲，气候变化对芋头种植产生的影响最大。根据报告，预计到2100年，太平洋地区国家每年会有相当于国内生产总值4.6%~12.7%的经济损失，其损失程度会因二氧化碳的排放量的不同而变化。2014年1月16日，政府总理埃内尔·索波阿加宣布建立国家气候变化咨询委员会，目的是提高能源使用效率，增加可再生能源的使用，鼓励私营部门和非政府组织减少温室气体排放量，确保政府采取措施减少气候变化带来的灾害风险，鼓励私营部门和非政府组织发展适合当地的技术以缓解气候变化带来的不利影响。

在国际组织中，图瓦卢不断发出自己的声音。2009年12月，联合国气候变化大会在哥本哈根举行，大会谈判陷入僵局。因担心其他一些发展中国家不兑现减少碳排放的协议，图瓦卢首席谈判代表认为，"图瓦卢是世界上受气候变化影响而变得最脆弱的国家之一，我们的未来取决于这次会议的结果"。当大会未能达成具有约束力和具有深远意义的协议时，图瓦卢代表伊恩·弗莱（Ian Fry）向大会阐述了全球气候变暖是世界各国需要共同解决的环境问题，讲述了海平面上升对图瓦卢和世界带来的灾难。他在演讲中声称，全球气候变暖成为当前人类面临的最大威胁，他以富有感情色彩的一句话——"我们国家的命运掌握在你手中"结束了演讲。

2011年11月，图瓦卢成为波利尼西亚领导集团（Polynesian Leaders Group）的八个创始成员之一，这个地区组织通过合作解决包括文化、语言、教育、应对气候变化等各种问题。同样，图瓦卢还参加了小岛屿国家联盟（AOSIS）。2013年9月5日，总理埃内

尔·索波阿加签署了《马朱罗宣言》（*Majuro Declaration*），承诺在
2020 年实现 100% 使用新能源发电。图瓦卢政府认为，气候变化对
太平洋岛国地区安全和民生构成了巨大威胁。《马朱罗宣言》的通
过，对增进全球对气候变化的重视，加快向低碳经济转型迈出了非
常关键的一步。太平洋岛国将力争成为应对气候变化的引领者。

二　新能源的使用

使用新能源是图瓦卢解决国内能源需求持续增长问题的重要方
案。该国争取在 2020 年成为世界上第一个 100% 使用新能源发电
的国家。新能源发电泛指利用多种取之不尽、用之不竭的能源获得
电力供应，这种能源是可以再生的，是人类历史时期内不会耗尽的
能源。它一般是指水力发电、风力发电、生物能发电、太阳能发
电、海洋能发电和地热能发电等。图瓦卢特殊的热带地理位置，使
其拥有丰富的能源资源，2020 年实现新能源供电计划具有可行性。
因为图瓦卢是由九个人口、距离不等的岛群组成，所以具体实施起
来有点复杂。为了实现 100% 使用新能源发电的目标，政府于 2009
年制定了国家能源政策（Tuvalu National Energy Policy，TNEP）与
能源战略行动计划（Energy Strategic Action Plan，ESAP），共同规
定和指导当前与未来能源的发展。该计划预计耗资 2000 万美元，
资金由 E8 集团赞助。E8 是由八国集团（G8）中的 10 家电力能源
公司组成的集团。[①] 1992 年，该组织在里约热内卢全球峰会后建
立，为非营利性组织。根据《马朱罗宣言》，图瓦卢接受 95% 使用
太阳能光伏发电和 5% 使用生物柴油发电的建议，在 2013 年至

---

① http：//www.globalelectricity.org/upload/File/tuvalu_ solar_ power_ project_ final.pdf.

2020 年逐步落实 100% 使用新能源发电的承诺。同时将风力发电列入考虑范畴。[①]

当前，图瓦卢主要依靠轮船进口柴油来发电。图瓦卢电力公司（TEC）在富纳富提环礁上经营一家大型发电站。该发电站 2007 年装机完成，发电能力为 2000 千瓦。富纳富提环礁发电站由三个装机容量 750 千瓦的柴油发电机组组成，它们的电压为 11 千伏，总功率输出是 1800 千瓦。该岛还有一套旧的发电机，发电能力为 1920 千瓦，2007 年后处于闲置状态，但可作为主系统的备用装备。柴油发电成本的一部分由日本非项目赠款援助（Japan Non Project Grant Assistance，NPGA）补贴负担，援助资金大约能占到每年燃料消耗总额的 40%。

八个外岛中的七个岛的电力均由 48～80 千瓦的柴油发电机提供，每岛的年发电量为 176 千瓦。其中，年发电量最高的是瓦伊图普环礁，发电量为 208 千瓦，最低的是努库莱莱环礁，发电量为 144 千瓦。位于最南端的纽拉基塔岛上使用个体直流家用太阳能发电系统。其他岛屿的柴油发电机需要每天运行 12～18 小时。边远小岛上的小型发电站所需燃料只能从海外进口，用 200 升的油桶从货船上卸下。自 1979 年开始，图瓦卢政府试图建立一个各岛屿协调电力系统，使用太阳能光伏发电为岛屿间电信系统供电，该项目因管理不善而废止。[②]

---

① Drowning island pins hopes on clean energy, http：//edition. cnn. com/2009/TECH/07/21/tuvalu. cleanenergy/index. html, http：//thejetnewspaper. com/2014/03/28/european-union-powers-up-tuvalu/.

② Tuvalu Electricity Corporation Presentation, Taaku Sekielu and Polu Tanei (PDF), http：//www. globalelectricity. org/Projects/Fiji/Attendees＿fichiers/Presentation% 20Tuvalu% 20Electricity% 20Corporation. pdf.

图瓦卢使用太阳能发电的时间非常长。20 世纪 80 年代早期，图瓦卢安装了数百个小型家用太阳能发电系统，并且通过太阳能发电为医用冰箱提供动力，但是由于培训不到位和对发电设备疏于管理，导致安装和维护问题不断出现，最终这个项目难以为继。2007年，图瓦卢太阳能电力合作社管理的太阳能发电系统有 400 多个，全国 2% 的电力来自太阳能发电。20 世纪 90 年代末，图瓦卢外岛上 34% 的家庭使用光伏太阳能发电系统，它通常可以为 1～3 盏灯供电，也可以为每天使用几个小时的无线电收音机供电。每个外岛上的医疗中心都有一个使用太阳能供电的疫苗冰箱，每个岛的太阳能发电技术人员都控制着一个更大的光伏发电系统，以维护家用冰箱的电力供应。技术人员面临的困难不是光伏电池板设备老化，而是开关和灯具因空气中的盐分比较高而遭到损毁。

图瓦卢第一个大型太阳能发电系统安装在国家体育场的屋顶上，上面安装了 40 千瓦的太阳能发电设备，由 E8 和日本关西电力公司 2008 年兴建，可以为富纳富提环礁提供 1% 的电力。根据发展计划，政府力图将这个太阳能发电设备扩大到 60 千瓦。2009 年11 月 27 日，瓦伊图普环礁莫托福阿中学建立了一个 46 千瓦的太阳能发电系统，并带有电力存储装置，成为南太平洋地区最大的柴油－太阳能光伏（PV）混合发电系统。在这个系统安装之前，该寄宿学校主要依赖柴油发电机供电。夜间，发电系统就要关闭。混合动力发电系统节省了数千美元的柴油成本，并为学校提供了 24小时全天候能源供应，每天发电量高达 200 千瓦，为师生日常生活提供了诸多方便。2011 年下半年，政府宣布在富纳富提环礁建立一个 65 千瓦并网系统的发电站。非营利组织阿洛法图瓦卢（Alofa Tuvalu）也在推动太阳能资源的开发与利用，研究人员研究如何利用太阳能烧水、研发太阳能烤箱等。2014 年 1 月，图瓦卢政府和阿联酋马斯达尔公司签署了一项协议。[①] 根据协议，该公司向图瓦卢提供 300 万美元资金，帮助图瓦卢外部岛屿全部实现太阳能发电，以减少对矿石燃料发电的依赖。[②] 2014 年 3 月，欧盟为图瓦卢政府提供资金援助，为努库莱莱环礁、努库费陶环礁、努伊环礁提供和安装带有电力储备功能的光伏太阳能发电系统。191KWP[③] 项目计划为岛屿提供每天 24 小时电力供应，使图瓦卢每年节省 12 万升柴油，减少约 20 万澳元的柴油支出。[④] 2014 年 4 月，新西兰政府参与欧盟和图瓦卢的合作计划，共同落实这个项目。风能也是图瓦卢未来的一种重要能源，目前还未进入实践阶段。[⑤]

第五节　环境保护的局限和对策

一　科学家的质疑

在富纳富提环礁的深水码头上，有一个类似移动卫生间的建筑被围在铁栅栏里，这是温室效应的第一个受害者。它是 1992 年澳大利亚政府为了"测量海平面和相关的气象参数"在太平洋地区设立的 12 所监测站之一。

2000 年，澳大利亚国家潮汐中心宣布，经过对太平洋历时七

---

① 马斯达尔是阿拉伯联合酋长国在首都阿布扎比郊区兴建的一座环保城市，"马斯达尔"在阿拉伯语中意为"来源"。马斯达尔建在沙漠中，成为世界上首个达到零碳、零废物标准的城市，可谓"沙漠中的绿色乌托邦"。
② "Tuvalu closer to 2020 renewable energy target", *Solomon Star*, 23 January, 2014.
③ WP 是太阳能电池峰值功率的缩写。
④ "European Union powers up Tuvalu", *Jet Newspaper*, 28 March, 2014.
⑤ http：//www. tuvaluislands. com/news/archives/2010/2010 - 05 - 06. html.

年的监测，"没有发现任何海平面上升的迹象"。这在科学界掀起了轩然大波。尤其对图瓦卢来说，他们的结论是一种公然的挑衅。澳大利亚国家潮汐中心宣称，从 1993 年开始富纳富提环礁的海平面实际下降了 8.6 厘米①。于是，澳大利亚、美国等强烈反对限制二氧化碳排放的国家振作了起来。2009 年 12 月，富纳富提环礁气象站的统计数据表明，在过去十年里，海平面以每年 0.56 厘米的速度升高。

有些科学家并不怀疑海平面上升理论，但他们认为类似图瓦卢的一些地势低的岛国未必会被淹没。因为图瓦卢和其他环礁岛屿是由珊瑚礁逐渐堆积形成的，岛屿不断得到补充，所以它们是动态的。一些小岛因为 1972 年的一次飓风将碎石卷到岛上而扩大了面积。新西兰海洋学者们用电脑程序模拟了图瓦卢的状况，他们预测海浪的反复冲刷会改变环礁边缘的形状，并侵蚀一部分海岸线，但不会吞没小岛。海平面上升将加速海面下硬质珊瑚的生长，以保护海岸线。然而，大多数研究者认为大量的二氧化碳溶入海水会减缓珊瑚礁的生长，高温杀死了许多珊瑚种群，致使海岸线变得更加脆弱。在短期内，恶劣的天气带给图瓦卢人民直接的威胁。由于大气温度的上升，降水量会增加，雨势也会增强；雨停后，高温使地表水很快蒸发。这样，大旱和大涝将频繁发生。一些科学家预测全球气候变暖会加剧厄尔尼诺现象的发生频率，由此产生的飓风会给图瓦卢带来更大的灾难。图瓦卢的主体部分由海底活火山喷发形成，没有大陆架和浅滩分散海浪的能量，所以，即使很远地区的风暴也能影响到它。

---

① 海平面下降是受厄尔尼诺现象的影响，是海水和大气相互作用的结果，在 1997 年和 1998 年表现得尤为突出，这是气候异常现象。

二　国际法的局限

由于受到气候变化的不利影响，图瓦卢等小岛屿国家即将被海水淹没，如何获得赔偿和约束其他国家减少二氧化碳气体排放，是摆在他们面前的一大难题，同时也是国际法学需要解决的理论问题。现有国际法的局限使得这一问题难以解决。

现有国际法的局限主要体现在国家责任方面。联合国国际法委员会编纂的《国家对国际不法行为的责任条款草案》是传统国家责任的典型代表，草案明确规定国家责任的构成要件有两个：国际不法行为和该行为可归于国家。草案并未将"损害"列为必要条件。但是，根据国际法院的实践，在要求赔偿损失时，损害仍然是必要条件，而且原告必须证明不法行为和损害之间存在因果关系。因此，图瓦卢必须证明：美国和澳大利亚存在国际不法行为；私人的排放行为可以归因于国家；温室气体排放与损害之间存在因果关系。这三个问题无论哪一个都很难成立。首先，排放温室气体的是私人而不是政府；其次，美国和澳大利亚都没有批准《京都议定书》，不承担具体的减排义务，很难说这两个国家有国际不法行为；最后，很难证明海平面上升是由于温室气体排放造成的，还是其他原因造成的，而且几乎所有的国家都有温室气体排放，很难证明损害是由哪个国家的排放造成的。①

传统的国家责任不断发展，新的发展主要表现为国际法委员会起草的《危险行为跨境损害的损失分担原则草案》。该草案与《国

---

① 于亮：《应对气候变化的法律方法与政治方法——图瓦卢的困境与出路》，《华中师范大学研究生学报》2012 年第 3 期。

家对国际不法行为的责任条款草案》相对，规定国家在没有违反
国际法的情况下造成了跨境损害也要承担责任；它还在一定程度上
解决了国家对私人行为承担责任的问题。但这并不是说只要一国境
内的活动对他国造成损害，国家都要对此承担责任。正如草案的评
注所说："国家本身并没有赔偿的义务……国家只需确保在发生损
害的时候有充分的赔偿机制可供利用。"另外，草案调整的是"危
险活动"，温室气体排放是否属于其所说的危险活动还有很大的争
议。而且，草案并不是国际公约，没有法律约束力，要想论证其中
的部分规则已经发展成习惯国际法也有很大的难度。最重要的是，
草案之中仍然有因果关系的要求，也就是说国家承担责任仍然以损
害与危险活动存在因果关系为前提，而目前的科学水平难以证明温
室气体排放必然导致气候变化。[①]

三 解决对策

1. 绿色气候基金的启动

在 2011 年南非德班联合国气候变化大会上，各国决定启动绿
色气候基金，这给图瓦卢等小岛屿国家带来了曙光。2007 年，在
印度尼西亚举行的联合国气候变化大会通过了"巴厘路线图"决
议，"巴厘路线图"决定设立"适应基金"。但该基金的来源有限，
规模较小，其资助的金额也比较少，不足以解决图瓦卢的困境。
"巴厘路线图"的积极意义在于它创造了基金机制，帮助发展中国
家适应气候变化能力建设。2009 年，《哥本哈根协议》提出了"绿
色气候基金"的构想。2010 年坎昆气候大会上，各国正式决定设

---

① 蔡畅：《图瓦卢"环境难民"问题研究》，华中师范大学硕士学位论文，2012。

立绿色气候基金。《坎昆协议》并没有规定基金的章程和运行规则，而是决定由一个过渡委员会管理绿色气候基金。2011年，德班气候大会决定启动绿色气候基金，《德班决议》规定了基金的章程。韩国、德国和丹麦提供了基金的启动费用。

基金致力于实现国际社会应对气候变化设立的目标。通过向发展中国家提供支持，以减少这些国家的温室气体排放，增强它们应对气候变化不利影响的决心。基金将接收来自发达缔约方的资金，也可以接收其他公共资金和私人资金。所有的发展中国家缔约方都有资格获得基金的支持。董事会将平衡减缓行动和适应行动中的资源分配，并确保向其他行动分配适当的资金。在分配适应行动资源时，董事会应当考虑到那些特别易受气候变化不利影响的发展中国家的迫切性需求，这些国家包括最不发达国家、小岛屿国家和非洲国家。绿色气候基金虽然不是专门为解决图瓦卢问题设立的，但它的启动确实给图瓦卢带来了一线希望。

2. 提升本国应对能力

2014年5月7日，南京大学中美研究中心国际法教授托马斯·西蒙（Thomas W. Simon）做了题为《正在消失的国家：海洋开发中的生态"金丝雀"》（"Disappearing States：Ecological Canaries in the Coal Mines of the Sea"）的报告。西蒙教授从和平学视角，针对全球气候变暖、海平面上升对岛屿国家及沿海国家的居民生活、政治、经济等方面的影响等议题进行了深入研讨。西蒙教授认为，随着全球气候变暖，海平面逐渐上升，诸如马尔代夫、基里巴斯、图瓦卢等岛屿国家面临着被海水吞噬的危险。许多人从生态的角度提出，这些国家的逐渐消失就如同"煤矿里的金丝雀"一样，是全球气候变暖系列灾难的前兆。然而，目前的国际体制建

立在具体的国家概念之上，国际法也没有应对国家消失的机制。

特殊问题需要特殊的解决办法。虽然气候变化是关乎人类存亡的复杂问题，不能简单地将之视为环境问题来看待，但是从环境的角度能够提出可行的解决方案。岛屿国家拥有大面积生物资源和非生物资源丰富的专属经济区，小岛屿国家可以向联合国建议修改《联合国海洋法公约》，锁定岛屿及沿海国家当前的领海基线。因气候变化而失去家园的国民可以通过交换手里的资源谋取生存之地。岛国在呼吁世界各国加强削减温室气体排放的同时，加强与发达国家合作，获得发达国家在技术转让和应对气候变化融资方面的支持；加大与世界各国专家的合作，在预报风险、风险评估和恢复环境等方面提升能力建设；积极利用援助国提供的绿色节能产品，积极参加援助国设立的气候变化培训班；充分利用太平洋岛国论坛，加强与对话伙伴的关系，坚持可持续发展，更好地利用海洋资源；等等。

3. 提高联合国难民署的保护能力

"环境难民"是否能得到安置主要取决于庇护国的意愿和能力。联合国难民署不是世界政府，不能强制要求其他国家必须承担对"环境难民"的保护责任。在处理难民问题时，联合国难民署只能在权限范围内协调各方面的行动，做好临时救助、安置工作。为保证难民署的援助工作能够有效实施，联合国应该明确缔约国对难民援助资金的分摊责任，扩大联合国对难民署预算资金的投入比例，改变原来依靠各缔约国自愿捐赠的模式，以缔约国的经济实力为基础，通过协商的方式合理分摊难民援助资金。同时要保证这些资金只用于紧急援助、难民安置、难民融入等难民保护工作。①

---

① 于亮：《气候变化与小岛屿国家：图瓦卢的困境与出路》，《公民与法》2012 年第 8 期。

　　难民权利的保护涉及粮食、资金、教育、卫生、医疗、就业、安全等多个方面。一些世界性国际组织、区域性组织，甚至是带有宗教色彩的社会救助机构都对难民保护发挥了重要作用。2007 年，社会服务机构天主教救助协会卡瑞塔斯（Caritas）就曾要求瑞士政府制定一个长远的移民政策，以使"无证件人士"的居留状况得到相应的改善。图瓦卢"环境难民"的处理不能仅依靠一个国家或某个国际组织单维度的作用，而是应该借助、发挥多维度的力量和作用。遍布全球的志愿者能够组织形式多样的活动，在社区内部宣传"环境难民"的基本知识，帮助降低接收国民众的排外倾向。为确保国际人道主义法得到尊重和维护，国际红十字会也能为图瓦卢"环境难民"提供相应的财力、物力、人力方面的援助，因此，作为救助难民工作的专门性组织，联合国难民署应加强与其他世界性或区域性、政府间或非政府间的国际组织的合作，例如联合国粮农组织、世界银行、国际红十字会、世界卫生组织、世界劳工组织等，为"环境难民"提供各种支持。[①]

---

　　① 孙子为：《国际气候移民研究——以亚太地区为例》，华东师范大学硕士学位论文，2012。

第七章

文　化

　　图瓦卢非常重视教育，基本上实现了普及初等教育的目标。在教育制度上设置了初等教育、中等教育、职业教育和高等教育。职业教育在国民教育和社会发展中发挥了重要作用。为保证教育目标的实现，政府在制定的《2005～2015 年图瓦卢国家发展计划》中对教育发展进行了详细规划。图瓦卢体育设施相对落后，只有一个国家体育场。图瓦卢民众喜爱参加体育运动，积极参加区域性和国际性的体育赛事，并且取得了一定的成绩。传统音乐是图瓦卢文化的重要组成部分，在价值传承、信仰维护、风俗延续方面发挥了重要作用。

第一节　教育

　　由于当地教育水平有限，加之受到地理、科技等多种因素的制约，图瓦卢科学研究没有取得重大成果。无论是对抗自然灾害，还是应对疾病困扰，解决环境问题、生计问题，图瓦卢都要依靠国际社会的援助。虽然部分图瓦卢学生前往斐济、澳大利亚、新西兰等国家的高校学习，取得了学位，但是他们学成归国后大多从事公务员、医生等工作，从事教师工作的所占比例不高。

一　教育政策及现状

2014 年，图瓦卢共有 13 所公立学校。其中，有 11 所小学，教师 72 人，在校生 1485 人；2 所中学，教师 31 人，在校生 345 人。另外，富纳富提环礁还设有 1 所海事培训学院。图瓦卢有 13 所幼儿园，由当地社区和南太平洋大学（USP）远程培训中心管理。政府主导的学校教育是免费的。大多数学生在新西兰、澳大利亚、斐济接受高等教育。

图瓦卢政府重视教育并大力支持教育的发展，为此政府制定了一系列教育政策。《教育法案》规定，"如果部长认为对某一特定群体有进行教育的必要，可以向其提供教育和培训。例如，可以根据儿童的年龄、才能、能力为儿童提供受教育的机会，可以向成人提供教育培训的机会"。6～15 岁的所有学生应接受免费的义务教育。《教育法案》还规定了设立学校、学院需要具备的条件，规定了学生补助金和奖学金的发放条件。目前，就受教育机会和获取奖学金而言，不存在对男生、女生的任何歧视。

图瓦卢已经实现了普及初等教育的目标。2004 年《太平洋地区千年发展目标报告》表明，图瓦卢成人识字率已经达到 95%。在小学教育、中学教育和高等教育上，男生和女生享有平等的受教育机会。图瓦卢认为通过教育和培训发展人力资源对国家未来繁荣有重要作用。

2002 年，图瓦卢制定了《教育部门总体规划》，重点关注教育质量。《教育部门总体规划》被纳入《2005～2015 年图瓦卢国家发展计划》中。内容包括：要提高总体教育质量；对小学、初中、职业学校教师进行培训；设置良好、合理的课程，以符合学生成长的需要和经济发展需求；增加青少年参加技术培训、职业培训的机会；提高教育服务质量，完善学校设施建设，满足学龄前儿童、残疾人的教育需求。

根据岛国的教育制度，2~5 岁图瓦卢儿童要上幼儿园。5~13 岁上小学、初中，小学和初中共 8 年；14 岁上高中，高中 5 年。根据孩子的实际情况，有的早一年上高中，有的晚一年。

二　学前教育

图瓦卢共有 13 所幼儿园，由当地社区和南太平洋大学远程培训中心管理，2012 年图瓦卢学龄前儿童入学情况见图 7 - 1 和表 7 - 1。

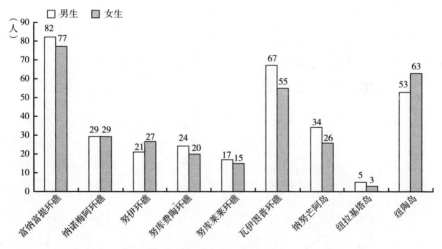

图 7 - 1　2012 年图瓦卢学龄前儿童入学人数一览

三　小学教育

图瓦卢共有 11 所政府管理的小学，分布于各个岛屿，确保每

表7-1 2012年图瓦卢2~5岁男女学生数、配备教师数量

	2岁			3岁			4岁			5岁			总计			合格教师	不合格教师
	男	女	总计	男	女	总计	男	女	总计	男	女	总计	男	女	总计		
富纳富提环礁	2	7	9	27	24	51	21	24	45	32	22	54	82	77	159	6	11
纳诺梅阿环礁	2	2	4	9	10	19	9	9	18	9	8	17	29	29	58	2	4
努库莱莱环礁	0	0	0	2	7	9	5	9	14	9	3	12	17	15	32	0	3
努库费陶环礁	0	0	0	4	7	11	9	5	14	13	4	17	24	20	44	1	2
纳努芒阿岛	0	0	0	9	7	16	12	9	21	10	7	17	34	26	60	1	4
瓦伊图普环礁	0	0	0	16	16	32	20	12	32	31	22	53	67	55	122	2	9
努伊环礁	0	0	0	6	8	14	8	9	17	7	10	17	21	27	48	2	1
纽拉基塔岛	2	2	4	1	0	1	1	1	2	1	0	1	5	3	8	0	1
纽陶岛	0	0	0	12	11	23	21	24	45	20	28	48	53	63	116	3	4
总计	6	11	17	86	90	176	106	102	208	132	104	236	332	315	647	17	39

资料来源：图瓦卢教育部。

个岛屿上达到上学年龄的学生都能接受教育。另外，图瓦卢还有一所私立小学。私立小学是一所基督复临安息日教会学校，位于富纳富提环礁。

图瓦卢政府承认实施均衡教育是一个缓慢的发展过程，为此政府制定了许多短中期发展策略。《2005～2015 年图瓦卢国家发展计划》中的教育发展目标是构建更加完备的教育体制，促进教育可持续发展，进一步维护学校资源，提高教师的积极性、主动性，对学生学习和未来发展进行合理规划，进而提高教育质量。

在小学入学率方面，1986 年全国小学入学人数为 1004 人，2010 年全国小学入学人数为 2005 人。政府不断扩大教师规模，降低师生比例。2012 年，全国共有 1918 名小学生，共有 109 名教师，全国平均师生比为 1∶18。全国 109 名小学教师中有 98 人通过了国家认证。全国各小学的师生比差别比较大，有的学校师生比控制在 1∶14，有的学校师生比高达 1∶27。师生比比较低并不意味着这个学校教学质量高。纽拉基塔岛上符合入学年龄的学生人数少，师生比也会比较低。富纳富提环礁上的纳乌提小学是学生人数最多的学校，超过 900 名小学生在学校就读。该校每年小学招生人数占全国小学招生总数的 45%。总体而言，图瓦卢师生比低于太平洋地区的其他国家。

岛屿社区在每个小学建立了培训中心（CTC）。培训中心为学生提供职业培训。培训内容包括基本木工、园艺、农业、缝纫、烹饪等。当然成年人也可以在培训中心参加课程，接受免费的技能培训。小学生毕业后，可以考取莫托福阿中学继续学业，也可以进入图瓦卢海事培训学院（TMTI）继续学习。按照 1966 年《图瓦卢人就业条例》，全国有偿就业的最低年龄是 14 岁，禁止 15 岁以下的儿童参与危险的表演工作。

图瓦卢政府规定 6~15 岁的学生必须在学校接受义务教育,其父母、监护人有法律义务确保该年龄段的孩子在学校接受正规教育。政府将未入校儿童纳入学校教育系统,对不识字的老年人进行非正规教育,提高了全国识字率。2013 年,图瓦卢全国识字率达到 98%。

四 中学教育

图瓦卢全国只有 2 所中学,分别为瓦伊图普环礁上的莫托福阿中学和富纳富提环礁上的法图瓦卢中学。这两所中学都有 3~6 年级的学生。

莫托福阿中学位于瓦伊图普环礁南端。学校规定学生在正常的教学时间内需要在学校住宿,假期可以返回自己家乡所在的岛屿。莫托福阿中学 4 年级学生可以参加斐济中学 3 年级考试(FJC),通过考试的学生可以前往斐济中学就读;5 年级学生要参加图瓦卢学校证书考试;6 年级学生要参加南太平洋地区高中认证考试(PSSC)。高中认证考试中的高中课程由南太平洋大学承担教学任务。

法图瓦卢中学位于富纳富提环礁中部。该中学使用英国普通中等教育课程体系。法图瓦卢中学 5 年级学生可以参加英国剑桥国际普通中等教育证书考试;6 年级学生可以参加获取高级奖学金考试;7 年级学生可以参加国际普通中等教育高级水平课程证书考试。另外,6 年级学生可以申请政府资助的基金会项目,以便通过太平洋地区中学证书考试。

图瓦卢的教育规划是优先扩大小学教育,全面参与初中教育,选拔优秀学生进入高中教育。在中学入学率上，1986 年全国中学生共有 280 人，2005 年全国中学生共有 593 人，2013 年基本保持在 650 人左右。随着家庭收入的提高和国际援助的增多，许多学生初中毕业后选择去斐济接受高中教育。

图瓦卢的中学教育中不存在性别不平等问题。根据图瓦卢教育现状，中学教育在很大程度上是以学生成绩作为衡量标准。无论性别如何，优等生都有机会凭借其入学考试成绩进入中学就读。

五　职业教育

职业教育对图瓦卢公民的培训作用巨大，为居民就业提供基本的专业实用技能培训。在图瓦卢职业学校中，除了公立的图瓦卢海事培训学院，其他职业学校都是私立的，所有的职业学校都设立在富纳富提环礁。

1. 图瓦卢海事培训学院

图瓦卢海事培训学院一直向所有愿意从事航海事业的男性和女性开放，尽管也鼓励女性参加学院的培训，但是海事培训学院自建立以来一直培训年轻男子。图瓦卢民众认为，航海是男人的事业，女性从事航海有违传统。受这种传统认识的影响，当地民众一般会阻止女儿到这所学校上学。海事培训学院每年招生和毕业人数在 60 人左右，最高值接近 90 人。图瓦卢在海外的船员基本上在此学校接受过培训。

2. 新日专科学校

新日专科学校属于私立学校，成立于 2003 年。它向已经接受小学教育和中学教育的学生提供各种基本技能培训。该学校每年招生数量在 20 人左右。由于只有一名教师教授各种不同的科目，因

此学生数量逐渐减少。因为有更多的男生需要提高学习技能，所以这所学校中男生多于女生。

3. MKH 打字学校

MKH 打字学校，图瓦卢语为 Mareta Kapane Halo，是图瓦卢创办的第一家地方私立商业学校，成立于 1996 年。学校侧重于基本办公技能的培训，特别是培训学生在打字、速记、计算方面的技能，学校还向学生提供秘书工作的基本技巧和知识培训。这所学校女生人数多于男生，1996 ～ 2004 年，只有 5 名男生入学。毕业生多从事公务员工作，有的毕业生在富纳富提环礁和外部岛屿的私营部门工作。

六　高等教育

图瓦卢本土没有高校，只有南太平洋大学远程培训中心。由于多数家庭经济条件有限，学生如果想到海外高校就读，必须凭借优秀的成绩获取政府资助或者获取海外奖学金资助。

通过太平洋中学证书考试的学生有机会获得海外奖学金资助。自 2004 年以来，南太平洋大学远程培训中心推出了 7 年级方案（又称为扩大基金会方案），让更多的学生能够在基金的资助下获取继续学习深造的机会，极大地减少了学生在政府学校、私立学校的花费。从 2007 年开始，所有通过太平洋中学证书考试的学生都可以获得南太平洋大学远程培训中心扩大基金会的资助。

在政府或者海外奖学金的资助下，高中毕业的优秀学生会选择前往高等学府深造，很多学生会选择南太平洋大学。南太平洋大学（University of the South Pacific，USP）是一所位于南太平洋诸岛国的区域性高等学府，该大学在多个南太平洋岛国设有分校，其校区的地理、社会、经济条件各不相同。该校成立于 1968 年，是全球仅有的两所区域性大学之一。该大学由 12 个成员国共同所有。成员国包括：库克群岛、斐济、基里巴斯、马绍尔群岛、瑙鲁、纽埃、所罗门群岛、托克劳、汤加群岛、图瓦卢、瓦努阿图和萨摩亚。南太平洋大学共有 14 个分校。由于学校分散，学习方式十分灵活，学校采取远程教育等多种教学方式。近年来，南太平洋大学采用了高科技网络手段，各国学生可以通过网络灵活地接受高等教育。南太平洋大学的科研集中在商业管理、教育学、旅游学、海洋学、环境管理、太平洋研究、农业科学等领域。

教育学是图瓦卢学生选择最多的专业，选择这个专业的女性多于男性。选择医疗、海事、工程、环境专业的男性多于女性。在所有高校毕业生中，女性多选择与学习领域相关的工作，男性选择的工作有时专业跨度比较大。尽管图瓦卢实现了普及小学教育和中学教育，但是能够到国外接受高等教育的学生很少，接受研究生教育的人更少。与图瓦卢建立合作伙伴关系的国家和地区、海外捐赠机构、地区奖学金提供机构，都在力求增加接受研究生教育的人数。政府认识到高等教育的重要性，继续鼓励专业人员接受研究生教育。在接受研究生教育的人员中，男性数量远远高于女性。

七　海外培训及成人培训

接受海外培训对图瓦卢人力资源发展至关重要。与澳大利亚和新西兰相比，斐济与图瓦卢距离近、花费低，因而成为图瓦卢人出国接受培训、深造的主要目的地。斐济有南太平洋大学、小学和中学教师教育培训学校、技术学院、医学院和其他培训学院。

近年来，图瓦卢到海外学习的人数不断减少。主要原因是人

员前往国外学习深造可利用的资助资金有限。另外,图瓦卢南太平洋大学远程培训中心的建立,为图瓦卢人接受高层次学习和提升技能提供了方便。远程培训中心推动和促进了图瓦卢劳动力的培训。

图瓦卢政府鼓励有能力继续学习的人进行在职学习和深造,为在公共服务部门、公司工作的员工制定了定期培训方案,以提升员工的技能和服务能力。政府还制定了针对在职妇女的再培训方案。有些妇女在斐济首都苏瓦接受了太平洋共同体秘书处(SPC)社区教育、培训中心的项目培训,该项目为期 7 个月,设置有完整的课程。截至 2014 年,有 30 多名图瓦卢妇女从该中心毕业。

第二节　体育

图瓦卢政府鼓励人民参加体育运动,但是由于受到当地特殊的地理条件的限制,社区民众只能参加几项体育运动。图瓦卢曾派代表队出席南太平洋地区运动会、英联邦运动会、国际奥林匹克运动会等赛事。2005 年,图瓦卢业余体育协会副会长阿西塔女士代表图瓦卢参加了在澳大利亚墨尔本召开的英联邦运动会官员会议。

一　体育活动

图瓦卢传统体育项目是基利基提(kilikiti),类似于板球。阿诺(ano)是另一项流行的体育赛事,类似于排球运动。球是用露兜树的叶子制成的,也有使用椰子纤维制成的。其他传统体育项目还有竞走、标枪、木棒击剑和摔跤。尽管基督教传教士不赞成当地居民参加这些体育活动，但是这些体育赛事依旧非常流行。20 世纪八九十年代，图瓦卢没有正式的体育场地。当地居民就把机场跑道当作足球场。除飞机起降时段外，居民经常在傍晚时间聚集于机场跑道附近的绿地，踢足球或玩当地传统的球类游戏。参与阿诺比赛的人员分成两队，两队人数不一，球不落地的一方获胜。

　　当代图瓦卢人喜欢的体育运动有基利基提、足球、排球、橄榄球、室内五人制足球等。1978 年，图瓦卢首次参加了太平洋地区的体育比赛。1998 年，图瓦卢的一名举重运动员参加了在马来西亚吉隆坡举行的英联邦运动会。2002 年，两名图瓦卢乒乓球运动员参加了在英国曼彻斯特举行的英联邦运动会。2006 年，图瓦卢参加了在澳大利亚墨尔本举行的英联邦运动会，参赛项目包括射击、乒乓球和举重。2007 年，国际奥委会会议在危地马拉举行，图瓦卢被邀请加入奥林匹克大家庭。同年，图瓦卢体育协会和图瓦卢奥林匹克委员会加入国际奥林匹克运动委员会。2008 年，图瓦卢在中国北京首次参加国际奥运会比赛，3 名参赛选手参加了举重、男子 100 米、女子 100 米比赛。2009 年，图瓦卢运动员参加了世界田径锦标赛。2010 年，图瓦卢运动员参加了在印度新德里举行的英联邦运动会，3 名运动员分别参加了铁饼、铅球、举重项目。2011 年，图瓦卢运动员参加了世界田径锦标赛，2 名运动员参加了男子 100 米短跑、女子 100 米短跑。同年，图瓦卢运动员在新喀里多尼亚举行的太平洋运动会①上获得了两枚银牌和一枚铜牌。2012 年，图瓦卢体育代表团参加了在英国举行的夏季奥运会。图

---

　　①　太平洋运动会，前身为南太平洋运动会，是一个综合性体育赛事。1963 年在斐济苏瓦举办了第一届运动会，之后每三年举办一届。1975 年在关岛举办第五届运动会之后，每四年举办一届。

瓦卢奥运史上首位女运动员罗古娜·伊娑（Logona Esau）参加了女子 69 公斤级举重比赛。2013 年，提尼拉乌代表图瓦卢参加了世界田径锦标赛男子 100 米短跑比赛，取得了优异成绩。

举重是一项非常受当地民众欢迎的体育运动。2013 年，在太平洋地区体育比赛中拉普阿为图瓦卢赢得了男子 62 公斤级抓举比赛金牌。他还在挺举比赛中获得铜牌，在全能赛中获得银牌，实现了图瓦卢在大型体育赛事中金牌零的突破。

图瓦卢只有一支正规足球队，既代表俱乐部水平，也代表国家队水平。足球队日常训练在富纳富提环礁国家体育场进行，该队代表国家参加过太平洋地区和南太平洋地区的足球比赛。图瓦卢还派运动员参加过大洋洲五人制足球锦标赛。图瓦卢国家足球协会（Tuvalu National Football Association）是大洋洲足球联盟（OFC）的会员，寻求加入国际足联。目前，图瓦卢设立了羽毛球、篮球、足球、橄榄球、网球、乒乓球、排球、举重等体育组织。每年 10 月 1 日的"独立日体育节"是全国重要体育节日。全国最重要的体育赛事是全民运动会（The Tuvalu Games），自 2008 年起每年举行一届。

二 国家体育场

图瓦卢国家体育场（Tuvalu Sports Ground）位于富纳富提环礁，是一个多用途体育场。体育场能够容纳 1500 人，主要用于足球比赛和橄榄球比赛。该体育场是全国唯一能进行正式足球比赛的场馆。在这个场馆内已经举行过多项体育比赛。国家足球队也在此场地进行训练。国家体育场的照明来自安装在运动场屋顶上的 40 千瓦太阳能面板，它是图瓦卢第一个大规模的使用可再生能源的发电系统。这个太阳能发电系统是由国际电力联盟和日本关西电力公司于 2008 年建立的，它能够为富纳富提环礁贡献 1% 的电力。图瓦卢计划未来将该设备发电能力扩容到 60 千瓦。

图瓦卢国土是由珊瑚环礁构成的，陆地面积狭小，足球场只能建在富纳富提环礁主岛最宽的地方。国家体育场内的足球场正好建立在一个珊瑚礁上，地上没有草皮，地表非常坚硬，在这样坚硬的地面上踢足球非常困难。因此，政府从斐济运来了河黏土，将其铺在足球场的地面上，并在地面上种植了草皮。这种经过改进和处理的足球场仍然非常坚硬，地面依然崎岖不平。图瓦卢足球运动员技术熟练，即使在这样的运动场训练和比赛，也依然能够自由地控制足球。1987 年以来，图瓦卢国家足球协会一直想成为国际足联成员，但图瓦卢简陋的足球场地设施一直是最大障碍。国际足联认为，图瓦卢没有一个合适的训练、比赛场地。现有的国家体育场既不适合举办国际性的足球比赛，也不适合进行足球训练。①

第三节　新闻出版

一　广播、电视、互联网、报纸

1. 广播

广播是图瓦卢通常使用的全国信息传播媒介。图瓦卢媒体公司是根据《1999 年图瓦卢媒体公司法案》成立的公司实体。政府和

---

① "No sports ground, no hotels so no to FIFA for Tuvalu – OFC", Radio Australia, 18 December, 2013, Retrieved 18 December, 2013.

非政府组织都用图瓦卢语广播特定的妇女和青年节目。2011 年 11 月 9 日，在日本政府的帮助下，图瓦卢广播 AM 调频建设完成并开始播音。在图瓦卢，广播是唯一每天都面向当地民众播放节目的媒体。在 2011 年之前，FM 调频也已经安装调试完成并使用多年。但是，由于南部岛屿距离首都富纳富提太远，这些岛屿上的居民还不能清晰地收听到广播节目。当前，在没有受到海啸等外在因素影响下，九个岛屿都能够接收到 AM 调频上的广播节目。①

一直以来，政府积极地把广播作为教育当地民众，尤其是农村地区居民的一种重要手段。广播节目较多关注性别歧视、人权等问题。2012 年，广播电台对在首都举办的庆祝国际妇女节的活动内容进行了直播，目的在于向人们传递国际妇女节期间讨论的重要事情和问题。图瓦卢业经修订的妇女政策也将广播视为解决一些关键问题的重要方式之一，例如，政策规定要宣传女性应积极参与媒体教育和培训。

2. 电视

图瓦卢电信公司通过斐济苏瓦的太平洋天空（Sky Pacific）电视台引入了海外电视服务。政府对以消费者需求为导向的电视节目没有办法限制。首都居民可以观看转播的电视节目，外岛地区由于距离偏远，信号不稳定。

3. 互联网

图瓦卢互联网业务发展缓慢，目前只有富纳富提环礁及部分岛屿提供互联网服务，网络下载速度非常慢。其他外岛因为距离偏远，加之电力供应等问题，暂时不能提供互联网服务。图瓦卢政府

---

① New AM redio station in Funafuti, 2011 - 12 - 30, http：//www. tuvalu - news. tv.

也因为因特网域名，获得了一笔不小的收益。图瓦卢的互联网国际域名后缀是 tv。美国一家公司看准了 tv 域名的商机。因为 tv 与"电视"的英文缩写是一样的，所以它更容易被客户记住，于是美国商业公司向图瓦卢政府购买这个域名的使用权。双方经过谈判交涉之后，美国商业公司获得了 10 年域名使用权，图瓦卢政府获得了 5000 万美元互联网域名租赁费。

在互联网服务方面，Tuvalu. tv 是图瓦卢唯一提供互联网接入服务的服务商，由图瓦卢政府信息和通信技术部操作。图瓦卢可用宽带速度仅是 512 kbit/s，下载速度是 1.5 Mbit/s。在图瓦卢，超过 900 位用户使用卫星提供的网络服务。随着用户的不断增多，网络速度逐渐减缓。图瓦卢电信公司提供的卫星互联网服务接入速度低于 20Mbit/s。2014 年 6 月，为了向图瓦卢人民提供高速宽带服务，图瓦卢电信公司与一家卫星公司（Kacific Broadband Satellites）签署了五年协议。根据协议，这家卫星公司提供的互联网服务将于 2016 年底或 2017 年初推出，它能将图瓦卢电信公司可用宽带速度提高到 80Mbit/s，下载速度提高到 150Mbit/s。

4. 报纸

1975～1983 年，图瓦卢广播和新闻处（The Broadcasting and Information Office，BIO）出版单张报纸（*Tuvalu Nesussheet*）。1983～2007 年，新报纸《图瓦卢之声》（*Tuvalu Echoes*）（图瓦卢语为 *Sikuleo O Tuvalu*）取代了单张报纸，新报纸由图瓦卢媒体公司负责编辑出版。新报纸是半月出版一次，使用英语和图瓦卢语双语出版。报纸主要报道政府活动、国际新闻、图瓦卢国内大事和庆祝活动等。在 20 世纪 90 年代，由于资金缺乏，它曾中止

了一段时间。1998 年，在澳大利亚国际开发署的资金支持下，它才得以再次出版。由于印刷机老旧和缺乏纸和油墨，报纸在 2007 年停止出版。在 2002 年时，共出版 250 期。2001 年 6 月，埃内尔·索波阿加作为反对党首领创办了周报纸《风的故事》（*Story of the Wind*），使用英语和图瓦卢语双语出版，每次印刷 100 ~ 200 份。当前图瓦卢还有数字报纸，名为《芬努伊》（*Fenui-News from Tuvalu*），它由图瓦卢媒体部门负责编辑，通过邮件发送给订阅用户和"脸书"网站（Face book），它主要报道政府活动和国内重要事件。

二 国家图书档案馆

图瓦卢国家图书档案馆①位于富纳富提环礁上。图书档案馆收藏有关于图瓦卢文化、社会、政治遗产的重要文件资料，也包括当时殖民当局的档案资料、图瓦卢历届政府的材料。由于这些档案资料面临过度利用和自然灾害可能带来的威胁，图瓦卢图书档案保护协会出台了"2005 年保护计划"。根据该保护计划，大英图书馆（British Library）和太平洋手稿局（Pacific Manuscripts Bureau）缩印、拍摄了这些档案资料。另外，通过实施人工辅助计划，对吉尔伯特和埃利斯群岛殖民地时期的档案资料进行复制，形成复制本，并将独立以后历届政府的档案资料传输到 EAP 网站上。②

---

① Tuvalu National Library and Archives，TNLA。

② http：//britishlibrary. typepad. co. uk/endangeredarchives/2009/03/saving-the-endangered-records-of-tuvalu. html.

第四节　传统音乐与舞蹈

图瓦卢传统音乐主要分为民歌和民谣两大部分。传统音乐以打击乐为主，颇似非洲一些原始部落的音乐。木鼓类的打击乐在南太平洋地区普遍流行，密集的鼓声时常伴随着各种舞蹈，经常在庆典活动中表演。

图瓦卢的传统舞蹈具有波利尼西亚文化特色，草裙舞给观光者留下深刻的印象。草裙舞又名"呼拉舞"，是一种注重手脚和腰部动作的舞蹈。月光如水之夜，在凉风习习的椰林中，穿着当地服装的青年，抱着吉他，弹着优美的乐曲，用低沉的歌声倾诉心中的恋情。跳舞的女郎，挂着花环，穿着金色的草裙，配合音乐的旋律和节奏，翩翩起舞，姿态优美。

费特乐（fatele）歌舞是当地一种传统歌舞的别称。图瓦卢人翩翩起舞时吟唱的圣歌表达了图瓦卢永恒不变的主题：绿岛是图瓦卢的生命线。舞蹈诠释了当地岛屿上的日常生活，例如捕鱼等。图瓦卢人希望通过费特乐舞蹈表演，在充满智慧、循循善诱的长者引导下，让年轻一代认识到教育的重要性，加深年轻人对图瓦卢传统文化的认识和了解。

图瓦卢当地歌舞表演是在饭后进行，分成主、客两队，双方各着传统服装或正式服装，以传统歌舞对歌，以敲打桌子代替鼓作为伴奏，歌声响彻云霄。

图瓦卢传统音乐多与舞蹈相伴，也分为不同的类型，如有比赛时演唱的歌曲，有女子在家庭劳动时演唱的歌曲，还有渔民歌曲、赞美歌曲、家人死亡时的哀悼歌曲等。图瓦卢传统音乐与当代音乐有很大差异。

民间歌谣都是重复较短的诗歌，有很强的节奏感，表演者会通过击掌、用手拍打地面、敲打腰鼓的方式进行表演。随着歌曲重复的增多，演唱速度也跟着加快。尽管图瓦卢歌曲中蕴含着戏剧性的故事，但是浓缩成歌曲后，歌曲内容往往会略去故事中的关键事件。人类学家格尔德·科赫评论图瓦卢的传统音乐："使用较短的语句语法是岛民们古老的、原始的诗歌特色。歌曲没有韵律、押韵词和诗节。但是，这些歌的文字由于不断重复，往往显得很有节奏感，而事实上，个别行的音节数量相同。"

例如，在西方传教士引进的歌曲使用之前，图瓦卢有一首"Te foe、Te foe kia atua"歌曲，这是民间歌谣。根据格尔德·科赫的记录，这首歌曲是纽陶岛居民创作的。歌曲内容如下：

图瓦卢语	英语
Te foe, te foe kia atua. Te foe, te foe kia tagata. Pili te foe, manu te foe! E, taku foe! E, taku foe!	The paddle, the paddle of the gods. The paddle, the paddle of men. Take the paddle, seize the paddle! Oh my paddle, Oh my paddle!

这首歌曲浓缩了一个戏剧性故事。一个纽陶岛的男人，无意间发现了一艘奇怪的独木舟漂浮在海洋上。这个男人呼唤问候独木舟，但是没有得到任何的回复。纽陶岛的男人认为这是一艘诡异的独木舟，"独木舟载有神明"，男人害怕即将发生灾难，所以迅速地向纽陶岛上的家里划去。人们在演奏这首歌曲的时候，要使用强烈的节奏，并模仿出男人划船时敲击水面的声音。通过增加歌曲重复的次数和速度，向观众着重展示这个男人逃难的情景。

　　不过这种传统音乐面临着消失的危险。1960 ~ 1961 年，人类学家格尔德·科赫在纽陶岛、纳努芒阿岛和努库费陶环礁上录制了一系列传统歌曲。这些歌曲被收入 1964 年出版的音乐书籍之中，其中一些歌曲作为《图瓦卢之歌》（*Songs of Tuvalu*）于 2000 年出版，与之一起出版的还有两张 CD。

　　从 19 世纪 60 年代开始，图瓦卢传统音乐受到传教士带来的西方文化的影响。萨摩亚传教士引进了欧洲的歌曲和教堂赞美诗，他们认为在跳舞时跟随节奏摇摆是不雅的。为此，当地许多传统舞蹈被禁止了。与限制传统舞蹈相伴随的还有对某些传统宗教活动的限制。传教士认为，舞蹈为宗教活动提供了精神支柱。20 世纪以来，西方传教士的影响不断减弱，来自萨摩亚的西瓦舞蹈（siva dance）逐渐流行开来。萨摩亚西瓦舞蹈注重舞者个人的表现，在一定的空间里，舞者可以利用肢体进行表演。二战结束以后，世界现代化进程突飞猛进，图瓦卢不可避免地受到冲击，西方音乐理论元素也融入了太平洋岛国的传统音乐中。20 世纪 60 年代初期，收音机为当地居民接触欧洲流行音乐和夏威夷、塔希提用吉他弹出的音乐旋律提供了途径，图瓦卢的现代音乐受到了某种程度的影响。

　　民歌是图瓦卢最常见的传统音乐。演唱民歌时，一般都伴有舞蹈，表演者有时坐着表演，有时跪着表演，有时站着表演。图瓦卢主要的传统民歌有男子表演的法卡瑟瑟、女子表演的欧噶。法卡纳乌和费特乐是法卡瑟瑟的两种不同的表演形式。这几种歌舞都是用于庆祝和赞美岛民的。其中，法卡纳乌在纽陶岛和努库费陶环礁比较流行，男子坐着、跪着或者站着进行表演，但是表演者不能在原地移动。剧情由表演者通过手臂、手等的动作来呈现。一位年长者站在表演者中间来打节奏。表演者也可以利用木鼓、扇子、小型垫

子或者双手击打地板来附和节奏。演出结束后，观众会送给表演者礼物。20世纪60年代，法卡纳乌和欧噶的表演传统消失了。在现代图瓦卢，法卡瑟瑟主要由年轻的未婚女性站立着表演。她们舞动手臂、手和上身进行表演，有时男子也会跟着唱并打节奏。它属于节奏非常缓慢的歌舞，跳舞规则非常灵活，其在不同岛屿上有不同的名字。

费特乐歌舞在图瓦卢文化传承中占据重要地位。根据研究，费特乐传统舞蹈与托克劳群岛音乐有共通之处。传统费特乐歌舞主要由五六个年轻女子坐着或跪着表演。当她们唱歌时，她们会舞动她们的手臂、手、上身，有时男子和女子站在一起表演。现代费特乐歌舞表演形式有所变化，年轻的未婚女性站立着排成一队跳舞，男子与女子分别坐在地板两侧，用手击打垫子或者木鼓。舞者演绎歌曲所讲述的故事，当歌唱到达高潮后，他们会突然结束表演。在表演费特乐歌舞时，还可先由一位年长的老者在大厅引唱，接着会有更多的人加入合唱。演唱的歌曲不断重复，合唱声音变得更大且节奏更快。

在圣诞节、婚礼等重要节日和重大活动时，费特乐表演会持续几个小时。当外国领导人、著名人士前来图瓦卢时，费特乐舞蹈以现代形式在公共场合进行表演。如2012年9月，英国威廉王子夫妇前往图瓦卢访问，当地以热情的费特乐表演，欢迎威廉王子的到来。当今，图瓦卢最流行的舞蹈就是费特乐，由于它融合了欧洲旋律与和声元素变得颇具竞争力。

图瓦卢音乐吸收了许多外来音乐的风格，被称为"波利尼西亚音乐的缩影"，是现代音乐和传统音乐融合的代表。维卡（Te vaka）是图瓦卢一个海洋音乐团体，团队中有图瓦卢人和拥有图瓦卢血统的音乐家们。维卡独创的当代太平洋音乐，具有一定的影响力。

目前，图瓦卢广播电台既播放现代化的波利尼西亚音乐，也播放格尔德·科赫记录的图瓦卢传统音乐。图瓦卢民歌、舞蹈、歌谣和当地文化生活联系密切，具有鲜明的民俗性，它简单抒情的旋律和欢快的节奏受到世界各国人民的欢迎。

第八章

外　交

　　图瓦卢奉行积极的外交政策，不断加强与大国、国际组织的联系，这是由国际、国内环境所决定的。从国际上来看，美国、中国、澳大利亚、日本等在太平洋岛国地区的博弈，使长期被"忽略"的岛国获得了发展的机遇，它们通过与大国的交往，能够获得大国的支持，有利于表达自己的声音。从国内来看，图瓦卢经济发展缓慢、落后，国内几乎没有工业，面临改善民生、发展经济和应对气候变化的多重压力，积极发展与大国、国际组织的关系，有利于争取外援，缓和国内矛盾。作为联合国的成员国，该国利用投票权，能够通过与大国、国际组织的合作，提升国际影响力和国际政治地位。

　　图瓦卢外交活动的根本目的是最大限度地追求国家利益。对于领土面积小和人口少的图瓦卢而言，外交政策对该国的发展尤显重要。影响该国外交政策和外交关系的因素包括政治、经济、军事、民族文化、国民意识、国际环境、自然灾害、历史等。图瓦卢地域狭小，资源有限，其在外交活动中维护国家独立，但一般采取亲西方的外交政策。图瓦卢同英国、澳大利亚关系紧密，同斐济关系密切。图瓦卢与英联邦成员国以及比利时、智利、荷兰、法国、德国、日本、韩国、俄罗斯、古巴、美国等建立了外交关系。

第一节　简史

依据图瓦卢的历史发展和历史进程中发生的重要事件，其对外关系大体可以划分为四个阶段。

第一阶段是从图瓦卢人迁到群岛至 1567 年。这一时期图瓦卢与外部世界几乎处于隔绝状态。两千多年前，波利尼西亚人首先在图瓦卢定居。图瓦卢人的祖先是从萨摩亚群岛经托克劳群岛迁移过来的，还有一些人来自瓦利斯群岛、富图纳群岛。现在，图瓦卢的传统文化已不是源于早期祖先，而是源于后来的定居者。

第二阶段是从 1568 年至 1876 年。这一时期欧洲探险家发现了图瓦卢群岛，欧洲贸易者先后到达这里，图瓦卢对外交往频繁。根据历史记录，欧洲人于 1568 年首先发现了图瓦卢群岛。1568 年，西班牙航海家阿尔瓦罗·门达尼亚·内拉发现该岛群。此后二百多年，没有其他人与岛上的居民接触。18 世纪晚期，更多的欧洲人抵达这里。1764 年，约翰·拜伦在一次环球航行中经过了图瓦卢群岛。图瓦卢真正被发现是在 1781 年。西班牙贸易者弗朗西斯科·莫雷莱·德·拉鲁阿在从菲律宾首都马尼拉前往墨西哥的航程中受不利风向的影响，被迫航行到了赤道以南。1781 年 5 月 5 日，他发现了纳努芒阿环礁，将其命名为科加尔岛，将纳诺梅阿环礁命名为圣奥古斯丁岛。1819 年 5 月，美国人佩斯特再次发现图瓦卢群岛。佩斯特在这次航行中发现了努库费陶环礁和富纳富提环礁，将它们分别命名为佩斯特群岛和埃利斯群岛，合称为埃利斯群岛。19 世纪中期，贸易公司开始在图瓦卢兴盛活跃起来，贸易者也多在此常驻。德国戈德·弗洛伊公司和汉堡的颂恩公司则是最早在图瓦卢设立的贸易公司。1892 年,英国戴维斯船长到达这里,解决了不同国籍贸易者之间以及贸易者和岛上居民间的各种争端。除此以外,一些科学家、人类学家和博物学家以及对图瓦卢感兴趣的人们来到这里,为我们揭开了图瓦卢神秘的面纱。

第三阶段是从 1877 年至 1975 年。尽管 19 世纪越来越多的西方人纷纷来到图瓦卢,但最终获得图瓦卢管辖权和统治权的是英国人。1877 年,图瓦卢归英国设立的西太平洋高级委员会管辖。1892 年,英国宣布图瓦卢为英国的保护领,在行政上与北部的吉尔伯特群岛合而为一。1915 年 11 月 10 日,英国吞并了这块保护地,成立了吉尔伯特和埃利斯群岛殖民地。二战期间,日本不断扩大对太平洋地区的占领。但是先期到来的美军占据了这里,修筑了军事工事。二战结束后,很多图瓦卢人迁移到吉尔伯特群岛(基里巴斯)的塔拉瓦,吉尔伯特和埃利斯群岛殖民地的殖民统治继续。1947 年,英国准备授予殖民地自治权,但是埃利斯群岛上的居民不愿服从,他们开始寻求脱离英国统治。

第四阶段是从 1976 年至今。独立之后的图瓦卢与其他国家建立了现代意义上的外交关系。1976 年 1 月 1 日,图瓦卢完全脱离吉尔伯特和埃利斯群岛殖民地,成为一个君主立宪制国家。吉尔伯特和埃利斯群岛殖民地的殖民统治宣告结束。从此,埃利斯群岛改名为图瓦卢。2000 年 9 月 17 日,图瓦卢成为联合国的第 189 个成员国,同年成为英联邦正式成员国。目前,图瓦卢与英国、澳大利亚、新西兰、日本、欧洲发展基金和联合国开发计划署的关系较为密切。

图瓦卢人口少,经济发展缓慢,国家综合实力非常弱,该国没有足够的资金来建立外交网络。1976 年图瓦卢在斐济首都苏瓦设立了高级专员署，2001 年在纽约联合国总部设立了使馆，2008 年在欧盟总部比利时首都布鲁塞尔设立了使馆。图瓦卢部分海外代表团工作人员构成情况见表 8 - 1。

表 8 - 1　图瓦卢部分海外代表团工作人员构成一览

图瓦卢代表团,纽约							
年度		2013 年			2005 年		
职位	级别	总计	人数		总计	人数	
			男	女		男	女
联合国大使	1c	1	1		1	1	
高级助理干事	3/2	1	1		1	1	
干事[文书官员]	9	1		1	1		1
司机	10	1	1		1	1	
总计		4	3	1	4	3	1
图瓦卢高级代表团,斐济							
高级专员	1c	1	1		1	1	
副高级专员	3/2	1	1		1	1	
执行官	8	1		1	1		1
文书官员	9	1		1	1		1
接待员	9	1		1	1		1
司机/勤务员	10	1	1		1	1	
杂务工	10	1	1		1	1	
女佣	10	1		1	1		1
总计		8	4	4	8	4	4

图瓦卢唯一的常驻使馆是在纽约的常驻联合国代表处。图瓦卢在联合国的使馆同时也可作为其驻美国的大使馆，具有双重使命。图瓦卢在澳大利亚悉尼、英国伦敦、德国汉堡、日本东京、菲律宾马尼拉、新加坡首都新加坡、韩国首尔、新西兰奥克兰等

地设有名誉领事馆。图瓦卢的驻外使馆主要是方便图瓦卢人申请到国外工作。图瓦卢驻斐济高级专员泰莱尼（Uale Taleni）说："其实我们这个使馆就是为了让更多的图瓦卢人能够顺利申请到签证……终究会有一天，当图瓦卢人都从图瓦卢搬走后，我也就失业了。我会坚持到那一天的。"由于语言不通，文化水平较低，图瓦卢人出国就业的并不是很多。法国在图瓦卢设有名誉领事馆，澳大利亚国际开发署在图瓦卢设有代表处，它们位于富纳富提环礁上。

第二节　与国际组织的关系

图瓦卢积极参与国际组织是为了表达自己的声音，争取国际支持和援助，为国内居民提供更多的就业机会。国际组织为图瓦卢提供了对话与合作的场所与机会，让图瓦卢人民共享世界经济发展带来的成果和收益，帮助图瓦卢解决国际公共问题和具体领域的社会问题。图瓦卢政府通过与国际组织的密切交往，在国际组织的帮助下，教育、医疗、居民基本生活等方面有了明显的改善，国民对政府的信心不断增强。

一　与全球性国际组织的关系

1. 与联合国的关系

2000 年 9 月 5 日，图瓦卢加入联合国，成为联合国第 189 个成员国。目前，图瓦卢常驻联合国代表是斯麦提。图瓦卢没有担任过联合国安理会轮值主席国。

2000 年 9 月，在纽约联合国总部举行的图瓦卢国旗升旗仪式上，时任联合国秘书长安南对新成员国表示欢迎，并对图瓦卢的稳定大加赞扬。安南说："当许多小国被战乱困扰，纷争不断之时，图瓦卢却一直保持着稳定与平静。"安南还说："所有民族无论其大小，都可以在联合国自由平等地表达自己的心声，图瓦卢的加入证明了这一点。"图瓦卢的国旗在联合国总部升起，这是联合国发展的一个里程碑。图瓦卢作为联合国最小的成员国之一，光荣地加入了国际家庭，这也揭开了图瓦卢历史发展的新篇章。由于国内资金有限，鉴于在世界许多主要国家首都缺乏外交代表，图瓦卢政府在纽约设立了常驻联合国代表处。2001 年，图瓦卢常驻联合国使馆在纽约曼哈顿建立。

使馆的基本目标是：

第一，为图瓦卢建立一个强大的国家身份和国际身份；

第二，与联合国会员国建立友谊，加强伙伴关系；

第三，支持图瓦卢的外交政策；

第四，坚持《联合国宪章》的理想和原则。

当前，图瓦卢常驻联合国代表团的主要任务是：

第一，促进政府制定的《2005～2015 年图瓦卢国家发展计划》的实现；

第二，减少图瓦卢因气候变化带来的不利影响；

第三，增加新的捐助国，获得国外发展援助；

第四，促进图瓦卢信托基金的发展；

第五，保留图瓦卢作为一个客观的最不发达国家的身份；

第六，为图瓦卢的船员寻找更多的海外工作机会。

2001 年至 2006 年 12 月，索波阿加担任图瓦卢常驻联合国大使；2006 年 12 月至 2012 年 12 月 22 日，皮塔（Afelee Falema Pita）担任图瓦卢常驻联合国大使；2013 年至今，斯麦提担任图瓦卢常驻联合国大使。

图瓦卢常驻联合国大使同时兼任该国驻美国和古巴的大使，大使馆为前往图瓦卢的游客办理旅行签证以及提供货币兑换、航班信息等服务，为在美国的图瓦卢公民提供便利，主要涉及签证、护照更新、婚姻登记、文件公证、航班服务。游客可以通过电话或电子邮件直接联系大使馆，并可以查阅图瓦卢在联合国的网页，了解图瓦卢在世界各地的大使馆、高级专员公署、名誉领事馆等的信息。图瓦卢人如果丢失了护照或需要办理一本新护照，可以通过电话或电子邮件联系图瓦卢大使馆、高级专员公署、名誉领事馆。新的护照只能从首都富纳富提签发，驻外机构不能颁发新的护照，但可以延长护照的有效期。

图瓦卢作为世界上最小的国家之一，通过在联合国的一系列行动表达本国的愿望。图瓦卢在联合国重点强调"气候变化对图瓦卢带来的负面影响"，希望获得"潜在捐助国更多的发展援助"，扩大图瓦卢的外交关系。气候变化问题已经成为图瓦卢参与国际问题的主要议题。2007 年 6 月，图瓦卢总理阿皮塞·耶雷米亚在日记中写道：气候变化"是一个严重的问题，已经伤及我国心脏"，"由于这个原因，图瓦卢一直在气候变化谈判中非常活跃，积极参加联合国安理会最近的讨论，对图瓦卢这样的小岛屿发展中国家而言，这是巨大的安全问题"。他呼吁国际社会建立一个"新的马歇尔计划"，以确保图瓦卢获得必要的环境援助资金，以满足应对气候变化的需要。

2007 年 10 月 1 日，图瓦卢副总理泰伊（Hon Tavau Teii）在联

合国发表演讲。对于联合国的改革，图瓦卢持积极的态度，并提出联合国秩序必须朝着系统、高效、可靠性发展。他提出，图瓦卢和其他小岛屿发展中国家希望联合国能在太平洋上建立一个机构，这将有助于协调联合国处理各项事务。

同年，泰伊在联合国大会上提出了应对气候变化的新倡议。他认为巴厘岛会议上达成的应对气候变化的协议应该包含四个要点。第一，在巴厘岛达成的协议应该确认《京都议定书》的重要作用，鼓励各方履行协议承诺，减少新的物质排放，并动员其他国家加入进来。第二，应该同意修改《京都议定书》，为新型工业化国家、经济转型国家、发展中国家以及对此感兴趣的国家敞开大门，共同努力来减少温室气体的排放。第三，必须构建一个适应新的气候变化的全球框架，这对环境脆弱的国家至关重要。第四，制定一个新的法律协议，让发展中国家自愿做出承诺，以减少二氧化碳排放量。泰伊还提出了帮助脆弱国家适应气候变化的途径。首先，建立相对稳定的资金来源和资金管理体系。其次，建立全球保险基金，帮助受到气候变化影响的脆弱国家尽快恢复过来。再次，在短时间内创建一个关于气候变化的具有法律约束力的新协议，但这并不意味着放弃《京都议定书》，而是在它的基础之上进一步发展。他提出要让造成气候变化的污染者承担治理环境的费用。他认为图瓦卢深受气候变化的影响，生态环境变得很脆弱，全球用于应对气候变化的资金每年需要消耗 800 亿美元，需要让污染者来担负其他的费用。①

① United Nations High Level Meeting on Climate Change，http：//www. tuvaluislands. com/un/ 2007/un_ 2007 - 09 - 29. html.

2009 年，在哥本哈根举行的联合国气候变化大会上，图瓦卢发挥了积极作用，向气候变化大会提交的议案吸引了媒体和公众的关注，主张包括发展中国家在内的世界各国，在具有严格规定以及法律约束力的框架下减少二氧化碳排放量。图瓦卢代表伊恩·弗莱（Ian Fry）发言结束后，拥挤的会议室爆发出了热烈的掌声。联合国大会已经成为图瓦卢历届政府宣传环境保护的舞台。2013 年 9 月 29 日，图瓦卢政府副总理赛凯奥在第 68 届联合国大会发言结束时说："请救救图瓦卢以应对气候变化。挽救图瓦卢也是为了挽救自己，挽救这个世界。"①

2. 与其他全球性国际组织的关系

图瓦卢除了是联合国的成员国，它还是《洛美协定》、联合国亚洲及太平洋经济社会委员会、联合国粮食及农业组织、七十七国集团、世界开发银行、国际民用航空组织、国际开发协会、国际金融公司、国际货币基金组织、国际海事组织、国际奥林匹克委员会、国际电信联盟、万国邮政联盟的成员国或参与者。同时，图瓦卢还是非洲、加勒比和太平洋国家集团（简称"非加太集团"，ACP）、国际劳工组织、禁止化学武器组织、联合国教科文组织、世界卫生组织等的成员国或者观察员。图瓦卢虽然不是国际红十字会和红新月会的成员，但它已获得了观察员地位。值得注意的是，图瓦卢还没有成为几个主要国际组织的成员国。例如，它不是国际民用航空组织成员国，一共有 4 个联合国成员国不属于该组织，其他 3 个国家是中美洲加勒比海岛国多米尼克、欧洲中部的内陆小国

---

① Statement Presented by Deputy Prime Minister Honourable Vete Palakua Sakaio, 68th Session of the United Nations General Assembly-General Debate, 28 September, 2013. Retrieved 4 November, 2013.

列支敦士登（这个国家没有机场）和太平洋中南部的纽埃。图瓦卢不是世界气象组织成员国，有 10 个联合国成员国不属于该组织。图瓦卢不是国际金融公司成员国，有 13 个联合国成员国不属于该组织。此外，图瓦卢还不是世界贸易组织成员，有 16 个联合国成员国或者不是该组织的成员或者不是该组织的观察员。与大洋洲其他许多国家一样，图瓦卢不是国际刑警组织以及国际水道测量组织的成员国。

国际组织对于图瓦卢的发展具有重要作用。一是为图瓦卢与各成员国开展各种层次的对话与合作提供了场所，成为连接和沟通图瓦卢与各成员国的渠道和纽带。例如，2008 年通过非加太集团，古巴向所罗门群岛、瓦努阿图、图瓦卢、瑙鲁和巴布亚新几内亚派出医生，同时接收来自岛国的医学生在古巴学习，并提供奖学金。二是国际组织让该国享受到世界经济发展带来的成果和收益。作为联合国开发计划署资助项目的一部分，"强化地方政府"项目为图瓦卢农村人提供了养殖、开办公司等项目的培训，提高了图瓦卢人在拟定项目文件、项目实施、监测和评估方面的技能。三是帮助该国解决一些国际性的社会问题。例如，在世界环境发展大会上，图瓦卢与发达国家一起探讨解决经济发展带来的环境问题。四是帮助图瓦卢解决某一领域的社会发展问题。在世界卫生组织和国际红十字会的帮助下，图瓦卢改善了基本医疗设施，国际医疗队提升了玛格丽特公主医院的医疗水平。

图瓦卢与世界银行等其他国际组织保持着密切的联系。图瓦卢是世界银行最小的成员国，由于该国面临独特的经济和环境挑战，易受外部经济冲击，近年来的自然灾害对其造成了更大的困难，尤其是对遥远的外部岛屿而言。2009 年，图瓦卢遭受全球经济危机重创，海外工人的汇款不断减少，海员的工作受到了很大影响。从数额上来看，2012 年的海外汇款比 2008 年减少了一半以上。图瓦卢信托基金持有的金融资产大幅下降。世界银行制定了帮扶和援助方案，世界银行东亚和太平洋地区事务官佛阮兹说，实施的援助计划"旨在帮助加强图瓦卢政府财政可持续性，为当地居民提供高质量的医疗和教育服务，满足图瓦卢人民的需求"，"图瓦卢国家的愿景是成为一个人民健康、教育完善和经济繁荣的国家，世界银行致力于帮助图瓦卢实现这些目标"。援助方案主要体现在对初级和中级教育进行投资，进行基本的预防性医疗保健，大部分图瓦卢人将从中获益，特别是那些贫困家庭。世界银行还支持提高图瓦卢医院的医疗水平，重点是改善患者管理流程和医疗效果，为品学兼优的医学生提供奖学金。世界银行的援助还帮助图瓦卢政府提升了收入管理和预算执行能力，为外部岛屿发展提供更优质的公共服务。2012 年，来自世界银行、国际开发协会的 300 万美元援助资金已经投入该项目之中。2013 年 11 月 22 日，世界银行董事会又批准了一项针对图瓦卢的发展政策，以帮助它重建财政储备，为该国人民提供更有效的医疗和教育服务。

二 与区域性国际组织的关系

图瓦卢积极参加地区性组织。图瓦卢是太平洋岛国论坛、南太平洋应用地球科学委员会、南太平洋旅游组织、太平洋区域环境方案秘书处、太平洋共同体秘书处的正式成员。图瓦卢还是亚洲开发银行的成员，是波利尼西亚领导集团的八个创始成员国之一，是太平洋岛国论坛渔业局（FFA）和中西太平洋渔业委员会（WCPFC）的成员，是《瑙鲁协定》的八个签署国之一，参加了小岛屿国家

联盟，签署了《马朱罗宣言》。

1985 年，图瓦卢签署了《拉罗通加条约》（*The Treaty of Rarotonga*）。该条约积极关注核军备竞赛引起核战争的危险，基于南太平洋论坛在图瓦卢举行的第十五次会议上做出的决定，成员国同意尽早在该地区根据该会议公报提出的原则建立一个无核区。

1. 与南太旅游组织的关系

南太旅游组织（South Pacific Tourism Organization，SPTO）是一个区域性政府间专业组织，其前身为南太旅游理事会（TCSP），成立于 1986 年，1999 年改为现名。该组织的主要任务是保持南太平洋地区旅游业的可持续发展，培训南太平洋地区岛国旅游业从业人员，提升其旅游业发展和市场开发水平等。该组织成员分国家会员、旅游行业会员和联系会员三类。2014 年，该组织国家会员有中国、巴布亚新几内亚、斐济、纽埃、库克群岛、汤加、所罗门群岛、瓦努阿图、基里巴斯、图瓦卢、新喀里多尼亚（法）、法属波利尼西亚、萨摩亚、瑙鲁、马绍尔群岛 15 个；行业会员为私营旅游公司和旅游相关行业公司，现共有 168 个，其中 130 个来自该组织当中的 12 个国家会员，38 个来自澳大利亚、新西兰、美国、比利时、德国、荷兰、英国、印度尼西亚等国。联系会员现有 26 个，来自斐济、巴布亚新几内亚、瓦努阿图、澳大利亚、新西兰、美国 6 国。

该组织决策机构为旅游部长理事会，每年召开一次会议，下设董事会，每年召开三次会议（特殊情况下可召开特别会议），董事任期 3 年，现共有来自 14 个国家（或地区）的 19 名成员，该机构在议事、决策等方面发挥重要作用。

2. 与太平洋岛国论坛的关系

太平洋岛国论坛（Pacific Islands Forum），原名"南太平洋论坛"，2000 年 10 月改为现名。该组织成立于 1971 年 8 月，宗旨是加强论坛成员间在贸易、经济发展、航空、海运、电信、环境、能源、旅游、教育及其他共同关心问题上的合作和协商。2015 年，该组织有成员 16 个：澳大利亚、新西兰、巴布亚新几内亚、斐济、密克罗尼西亚联邦、瓦努阿图、汤加、萨摩亚、库克群岛、纽埃、马绍尔群岛、所罗门群岛、图瓦卢、帕劳、基里巴斯、瑙鲁。联系成员 2 个：新喀里多尼亚（法）、法属波利尼西亚。观察员 3 个：东帝汶、托克劳（新）、瓦利斯和富图纳（法）。对话伙伴 14 个：中国、美国、英国、法国、日本、加拿大、韩国、马来西亚、菲律宾、印度尼西亚、印度、泰国、意大利、欧盟。

论坛一般每年召开一次首脑会议，在各成员国轮流举行，截至 2015 年 9 月，已举行 46 届首脑会议（1972 年召开了两次）。从 1989 年起，每年论坛首脑会议后举行论坛会后对话会，截至 2015 年 9 月，已举行 27 届对话会。该论坛是联合国、亚太经合组织观察员。论坛常设机构为秘书处，设在斐济首都苏瓦，在北京设有贸易代表处。论坛秘书长由论坛成员政府代表投票产生，对论坛成员负责。

太平洋岛国论坛成为岛国发声的重要舞台，太平洋岛国就气候变暖抱团发声，或引发全球外交新博弈。2013 年，第 44 届太平洋岛国论坛领导人峰会在马绍尔群岛举行并通过了《马朱罗宣言》。太平洋岛国领导人在宣言中一致承诺减少温室气体排放，提高能源效能，充分利用更多的可再生能源。他们希望能为那些温室气体排放大国树立"道德榜样"，也希望能形成外交合力以便在其他众多

的国际场合中发出有关气候变化问题的强有力的声音。太平洋岛国论坛的大部分成员国是气候变化问题的"弱势群体",因全球气候变化而导致的海平面上升以及诸如风暴等极端天气严重威胁到了这些国家的生存。因此,太平洋岛国的领导人一直不遗余力地呼吁采取有实质性意义的行动以应对全球气候变化。

3. 与欧盟的关系

欧盟为图瓦卢发展提供了很大帮助,向图瓦卢提供了大量援助资金。双方签订了贸易和开发设施计划,并开展了系列援助活动。

太平洋地区的所有非加太国家与欧盟国家都是《科托努协定》的签署国。《科托努协定》的前身是 1975 年 2 月 28 日签署的《洛美协定》,它是非加太集团 46 个成员国与欧洲经济共同体 9 国在多哥首都洛美签订的贸易和经济协定。《洛美协定》曾是非加太集团和欧盟间进行对话与合作的重要协定,也是迄今最重要的南北合作协定,自 1975 年以来共执行了 4 期。欧盟一直通过该协定向非加太集团成员国提供财政、技术援助和贸易优惠等。2000 年 2 月,非加太集团和欧盟就第 5 期《洛美协定》达成协议,并于同年 6 月在科托努正式签署,称《科托努协定》。《洛美协定》就此宣告结束。经欧盟 15 国和非加太集团 76 国政府正式批准,《科托努协定》自 2003 年 4 月 1 日起正式生效。《科托努协定》的有效期为 20 年,每 5 年修订一次。2005 年 6 月 25 日,欧盟和非加太集团按规定对协定进行了修订,签署了《科托努修改协定》。经过修订的协定在加强政治对话、实现新千年目标、消除贫困、加强经济和贸易联系等方面增加了新的内容。加入协定的太平洋地区 15 国包括:巴布亚新几内亚、斐济、基里巴斯、所罗门群岛、汤加、图瓦卢、瓦努阿图、萨摩亚、马绍尔群岛、库克群岛、瑙鲁、帕劳、纽埃、密克罗尼西亚联邦、东帝汶。

欧盟对图瓦卢提供了大量援助和技术上的指导。2009 年，欧盟宣布对图瓦卢开展供水、改进废物处理等环境援助项目。2014 年 3 月，欧盟向图瓦卢政府提供资金，支持电力能源改造方案，为努库莱莱环礁、努库费陶环礁、努伊环礁安装蓄电池，升级太阳能发电系统。太阳能光伏电池板工程能够使图瓦卢实现可再生能源的利用，能够保证一天 24 小时为这些环礁供电。在此项目援助下，图瓦卢每年将减少进口 12 万升柴油，相当于减少了 20 万澳元的花费。

第三节　与美国的关系

一　与美国的历史联系

二战期间，数千名美军驻扎在图瓦卢（当时称为埃利斯群岛）。1942 年，美军在富纳富提环礁、纳诺梅阿环礁和努库费陶环礁上建立了空军基地。美国海军陆战队修建了军事营地，当地居民和部队的关系大体是友好的。富纳富提环礁上的简易机场，最初由美国在战争期间修建，现在富纳富提国际机场是在原机场基础上重建的。

第二次世界大战期间，日本计划从基里巴斯南下占领图瓦卢，但中途岛战役的失败推迟了他们的进攻计划，这使美国人首先登陆图瓦卢群岛。许多农民不再种植庄稼，他们受雇于美军，依靠美国军队提供给他们的工资生活。图瓦卢群岛中未被美国人占领的岛屿，人民享受不到来自美军的物资和生活用品。其他岛屿上生活用品诸如烟草、肥皂、煤油、布和面粉等特别缺乏。因为交通不畅，无线电联系被限制，物资经常无法正常供应。

二战结束后，美国士兵撤离了图瓦卢，并拆除了军事设施。

二 与当代美国的关系

1. 双方的合作与交流

1979年，美国与图瓦卢签署了友好条约，承认图瓦卢拥有原属于美国的四个岛屿。目前，两国确立了在区域和全球性问题上的合作伙伴关系，致力于促进地区和平与加强民主建设。双方合作意在遏制气候变化的影响，加强海上安全，并促进国家的经济发展。

美国对图瓦卢的经济和社会发展实施援助。图瓦卢在2011年发生干旱，美国向图瓦卢提供了用于购买新的海水淡化设备的援助资金。美国还与图瓦卢在2011年签署了船舶搭车协议（ship-rider agreement），建立了经济合作关系。在图瓦卢的专属经济区，美国协助图瓦卢保护专属经济区的资源，美国军队为获得捕鱼许可者提供保护。

在绿色新能源方面，双方也有合作。2010年5月6日，美国驻斐济苏瓦大使馆发布新闻，称美国已授予向图瓦卢非政府组织阿洛法图瓦卢和南太平洋大学斐济苏瓦劳加拉（Laucala）校区①提供新能源赠款。美国大使馆苏瓦区域环境办公室认为，向当地和区域非政府组织提供小额赠款，是为了确保当前和未来发展的健康安全环境。南太平洋大学物理工程系收到美国21000美元的赠款，用于在劳加拉校园建立太阳能可再生能源系统。芮土瑞（Atul Raturi）

---

① Laucaca校区是南太平洋大学最大最悠久的校区，位于斐济首都苏瓦。

博士进行的"太阳能可再生能源系统发展"项目将加强南太平洋大学清洁能源技术研发能力，为选择可持续发展的南太平洋大学成员国做出贡献。该项目除了减少温室气体的排放，还将致力于太阳能可再生能源的开发和运用。实施该项目后，图瓦卢每年将会减少约 1.6 吨的二氧化碳排放量，而且每年将发电约 1 兆瓦。美国也向阿洛法图瓦卢提供 10000 美元的资金，用于"图瓦卢生物燃料"项目研究。这笔资金将用于采购、装运、安装生物燃料发电设备，以及用来培训利用椰子壳获取生物柴油的技术。阿洛法图瓦卢在图瓦卢成立了培训这些技术的讲习班，并试图将这些技术扩展到图瓦卢的所有岛屿。美国临时代办向斐济、基里巴斯、瑙鲁、汤加和图瓦卢表示，新能源合资企业对受到太平洋地区的关注和欢迎深感欣慰，美国在为解决当今能源和环境挑战寻找可持续发展项目。太平洋岛屿国家为新能源技术的测试提供了非常好的实验场所，使用化石燃料的替代品将有可能为他们减少开支、提高能源安全和削减其温室气体排放量。在适当的支持下，太平洋岛屿国家可以开辟走向可持续发展和适应气候变化的道路。①

　　虽然美国与图瓦卢建立了正式外交关系，但是在双边经贸关系方面，美国在图瓦卢没有显著贸易投资。图瓦卢和美国都同为某些国际组织的成员，如联合国、国际货币基金组织、世界银行等。美国驻图瓦卢大使是弗兰基·A. 里德（Frankie A. Reed），居住在斐济。图瓦卢在华盛顿特区没有大使馆，但在纽约有一个常驻联合国代表处，作为驻美国大使馆。

---

① United States Funds Green Projects, Including Tuvalu, http：//www. tuvaluislands. com/news/archives/2010/2010 – 05 – 06. html.

2. 双方存在的矛盾

美国与图瓦卢之间也存在矛盾，特别是在环境保护方面。1992年6月，图瓦卢总理佩纽出席在巴西举行的联合国环境与发展大会，并在会上呼吁采取措施，防止温室效应的影响，但他对美国在大会上的立场表示失望。2002年，图瓦卢声称要控告美国和澳大利亚过量排放二氧化碳。为了应对欧盟石油禁运和美国经济制裁，伊朗通过修改油轮注册国的方式偷买石油。美国发现太平洋岛国图瓦卢已经帮助伊朗注册油轮22艘，美国警告图瓦卢此举是帮助伊朗摆脱欧美制裁。2013年5月20日，美国民主、人权和劳工局公布了《2012年度图瓦卢宗教自由报告》，报告认为《图瓦卢宪法》和其他一些法律、政策保障宗教信仰自由，但在实践中政府没有一贯尊重宗教信仰自由，政府对宗教信仰自由的尊重连年下降，一些传统的岛屿议会干涉宗教信仰自由。报告认为图瓦卢存在滥用或歧视宗教联盟和宗教信仰的现象。①

二战时美日曾在太平洋岛屿上殊死争夺，给岛上民众带来巨大的战争创伤和灾难。美国在减排等问题上的立场，也不为岛民们所接受。图瓦卢对气候变暖十分敏感，担心海平面上升令其失去家园。美国对图瓦卢的援助是为了保持在太平洋地区的军事优势和地位。

第四节　与澳大利亚的关系

图瓦卢、澳大利亚、新西兰、斐济都曾是英国的殖民地。作为邻邦，图瓦卢与澳大利亚、新西兰、斐济等的关系十分密切。从地

---

① http://www.state.gov/j/drl/rls/irf/2012/eap/208276.htm.

理位置上看，图瓦卢距澳大利亚较近，与澳大利亚的关系甚为密切。澳大利亚对图瓦卢提供了全方位的资助和援助。澳大利亚与图瓦卢的关系主要体现在政治合作、经济合作、教育合作等方面。

一　政治合作

图瓦卢环礁、岛屿隔离的现状成为国家发展面临的显著挑战，容易受到外部冲击。图瓦卢获取澳大利亚的支持源于图瓦卢和澳大利亚在 2009 年建立的伙伴关系。通过建立伙伴关系，两国携手合作。澳大利亚支持图瓦卢经济长期发展，协助改善图瓦卢的教育，并帮助其提高适应气候变化的能力。澳大利亚密切与联合国机构、世界银行、其他双边捐助者的合作，向图瓦卢实施援助计划。澳大利亚与图瓦卢的发展合作，提高了图瓦卢人民的生活水平，帮助该国应对气候变化的负面影响；通过向图瓦卢信托基金捐款，改善图瓦卢的财务管理和规划，提高图瓦卢长期经济发展能力。澳大利亚为图瓦卢受教育者提供了早期教育计划和接受高等教育的机会，协助图瓦卢制订一个成熟的劳动力派出计划。

澳大利亚对图瓦卢的援助重点是扶持图瓦卢政府有效开展关键公共部门的改革，包括改善经济和财务管理，改革内容与图瓦卢国家发展计划相一致。改革的目的是促进更有效和更负责的公共部门的运作。澳大利亚帮助图瓦卢在原有基础上实现政府改革。澳大利亚的援助资金进入图瓦卢信托基金，帮助该国经济实现长期可持续性发展。澳大利亚政府在 2011～2015 年间已向图瓦卢政府提供 1950 万美元资金①，旨在通过经济政策改革，支持图瓦卢政府实行

---

① 数据来自 http：//aid. dfat. gov. au/countries/pacific/tuvalu/Pages/home. aspx。

有效治理，增加国家收入。澳大利亚还实施了太平洋技术援助机制，向图瓦卢提供技术援助。

二　经济合作

图瓦卢与澳大利亚保持着紧密的经济联系。1966～1976年，图瓦卢的官方货币是澳元，这成为两国加强关系，特别是加强经济关系的纽带。1976年以来，图瓦卢开始发行硬币，但该国继续使用澳洲纸币作为法定货币，图瓦卢硬币直接与澳元挂钩。尽管图瓦卢货币分配了ISO4217货币代码，但它不是一个独立的货币体系。

澳大利亚支持图瓦卢通过发展可持续经济，更好地适应气候变化。澳大利亚与图瓦卢政府合作，确保图瓦卢人能够参加澳大利亚的季节工计划，该计划于2012年7月1日开始实施。该计划可以向图瓦卢提供众多工作岗位，图瓦卢人可以在澳大利亚的园艺种植、旅游住宿、水产养殖、甘蔗和棉花种植等行业工作。2009年8月，太平洋岛国论坛领导人会议在澳大利亚凯恩斯召开，澳大利亚与图瓦卢签署了太平洋伙伴关系协议。2014年8月，第45届太平洋岛国论坛闭幕。会议期间，澳大利亚副总理沃伦·特拉斯在科罗尔市宣布，将从2018年开始向12个太平洋岛国捐助总价值为20亿澳元（约为115亿元人民币）的巡逻艇，以保护海洋资源。特拉斯还表示，澳大利亚将在2018年年底前向太平洋地区渔业组织援助4000万澳元（约合2.3亿元人民币），并且他宣布在原有援助金额的基础上，将再增加2350万澳元的援助，以支持太平洋岛国对本地区渔业的可持续发展进行有效管理。他同时还宣布了两项配套措施，以加强太平洋岛国的海上安全。

澳大利亚是图瓦卢信托基金三个创始捐赠国之一，并拥有基金董事会的一个席位。澳大利亚为图瓦卢政府提供专业顾问，协助实施太平洋技术援助方案（PACTAM）。虽然澳大利亚在图瓦卢没有正式的大使馆，但是澳方会定期选派政府代表前往图瓦卢。澳大利亚是图瓦卢援助资金主要来源国。1994 年，两国签署太平洋伙伴关系协议之前，澳大利亚向图瓦卢捐赠了太平洋巡逻艇。太平洋巡逻艇供图瓦卢警察部队使用，用于搜救、救援、海监和渔政巡逻。澳大利亚负责 2024 年前的维修工作以及操作人员的培训任务。澳大利亚与图瓦卢建立的国防合作计划，主要是向图瓦卢海事警察提供培训，协助淡水和物资供应。2010～2011 年，澳大利亚向图瓦卢捐赠了 890 万澳元，用于图瓦卢国际劳工教育、职业技能培训等。

为了协助图瓦卢应对 2011 年的干旱，澳大利亚政府与新西兰合作，帮助图瓦卢建立了海水淡化厂。作为长远解决问题方案的一部分，澳大利亚还向图瓦卢社区提供了水箱，方便储存淡水。澳大利亚政府制定了针对图瓦卢的发展援助方案。2012～2013 年援助 1300 万美元，2013～2014 年援助 1160 万美元[①]。

三　教育合作

澳大利亚向图瓦卢公民提供优质教育，为图瓦卢学生在接受教育方面提供机会。图瓦卢具有较高的入学率。政府学校的教育质量并不是太高，学生的基本的算数和识字能力有所下降。澳大利亚与图瓦卢教育和儿童基金会合作，提高图瓦卢各年级学生的学习水平。澳大利亚还提供了奖学金，资助图瓦卢学生在澳大利亚和其他国家或地区的高校和职业院校接受教育。这有助于图瓦卢建立自己

---

① 数据来自 http：//aid. dfat. gov. au/countries/pacific/tuvalu/Pages/home. aspx。

的技术和研究队伍，并提高就业率。澳大利亚通过"图瓦卢教育支持计划"，计划在 2010～2016 年向图瓦卢提供 439 万美元援助资金，提高图瓦卢的教育质量，提高学生的学习能力。

第五节　与斐济的关系

图瓦卢与斐济保持着强有力的外交关系。迄今，图瓦卢与斐济没有发生任何矛盾与分歧。图瓦卢与斐济之间的紧密关系主要源于以下几个方面。

第一，图瓦卢驻斐济高级专员署发挥着重要作用。图瓦卢除了在纽约联合国总部的大使馆，其对外事务机构主要是设立在斐济首都苏瓦的高级专员署。大多数国家承认图瓦卢驻斐济高级专员署担任的外交角色。这使得斐济成为图瓦卢一个重要外交中心。

第二，图瓦卢对外交通主要通过斐济实现。前往图瓦卢的所有定期商业航班都是通过斐济实现的。目前，在图瓦卢开展航空业务的唯一航空公司是斐济的太平洋航空公司。在 1999 年之前，空中交通也可以通过马绍尔群岛航空公司实现。1999～2009 年，图瓦卢主要的航空服务提供商是斐济航空，2009 年斐济航空退出在图瓦卢的商业服务。途经图瓦卢的常规商业船只主要是通过斐济前往。

第三，斐济已经成为图瓦卢进口商品的主要来源国。2010 年，图瓦卢从斐济进口的商品占所有进口商品的 46.1%。

第四，在对外贸易方面双方保持着紧密联系。双方签署了自由贸易协定，根据非互惠的关税优惠待遇，图瓦卢出口到斐济的鲜鱼、椰子、手工艺品是免税的，而斐济出口到图瓦卢的商品是要交税的。这也应该属于斐济援助图瓦卢的一种形式。

第五，图瓦卢的双边捐助者和发展合作伙伴都在斐济设有相应的分支机构。澳大利亚、新西兰、日本、美国等国在斐济设立了大使馆。一些重要的国际组织在斐济也设有机构，包括联合国开发计划署、南太平洋论坛秘书处和太平洋共同体秘书处等。

另外，斐济也是图瓦卢出国务工的对象国，斐济对图瓦卢的援助力度非常大。

图瓦卢与斐济两国不仅在地理位置上比较近，而且两国交往历史悠久，斐济对图瓦卢的支持和帮助，为图瓦卢的发展带来了极大的便利。1999年，图瓦卢启用在斐济的新的高级专员署办公场所时，负责人索波阿加说："高级专员署作为图瓦卢全球唯一的驻外机构，我们选择设立在斐济是因为斐济在教育、培训、医疗服务方面对图瓦卢至关重要。"2014年2月，斐济总统埃佩利·奈拉蒂考（Epeli Nailatikau）访问图瓦卢，他认为图瓦卢是太平洋岛国发展论坛的重要合作伙伴，斐济和图瓦卢在太平洋小岛屿发展中国家论坛中具有共同利益，对于推动世界其他国家和地区采取应对气候变化的决定性行动具有重要意义。①

第六节 与中国的关系

一 与中国大陆的关系

1988年6月，图瓦卢总理普阿普阿随同南太平洋岛国领导人

---

① President Nailatikau, "Tuvalu: a valued PIDF Partner", Pacific Islands Development Forum (PIDF), February 20, 2014. Retrieved March 2, 2014.

访华，时任中国政府总理李鹏会见了南太平洋岛国领导人。1997年3月，图瓦卢遭遇风灾，中国红十字会向图瓦卢捐款1万美元。1998年，中国与图瓦卢双边贸易额为8.1万美元，皆为中方出口。2000年、2001年中图双边贸易额为零。2002年中图双边贸易额为3000美元，皆为中方出口。

中国政府在国际组织中的医疗队也为岛国提供了医疗援助。原中国驻基里巴斯外交官吴钟华写道："在这个遥远的岛国，曾有一名中国医生作为联合国志愿人员在这里辛勤工作了两年之久。由于工作需要，笔者曾数次在图瓦卢停留，这位医生每次都会在机场等候我。我理解他，因为我是他在图瓦卢能够见到的唯一的中国人。共同的处境、共同的情感把两颗心连在一起。这位医生高超的医术和崇高的献身精神，深受图卢瓦人敬佩。当他回国时，图瓦卢政府官员希望他能再次踏上这片土地。图瓦卢人送给医生的花环之多，是完全可以想见的。"①

随着图瓦卢参与国际组织活动的日渐增多，中国人民对图瓦卢的了解也不断增加。2008年，图瓦卢参加了在北京举办的第29届夏季奥林匹克运动会。2010年，图瓦卢参加了在上海举办的世界博览会。2014年，图瓦卢参加了在南京举办的夏季青年奥林匹克运动会。近年来，全球气候变化和图瓦卢国家的环境变迁，使得该国面临举国搬迁的命运，吸引了中国学者、媒体的关注。

---

① 吴钟华：《图瓦卢：一个面临海水淹没的岛国》，《中国民族报》2006年11月24日，第五版。吴钟华，河北唐山人，汉族，1939年生，毕业于南开大学外语系。在外交部和中国驻外机构工作40余年。在中国驻太平洋岛国基里巴斯、瓦努阿图、斐济等外交机构中工作多年。

二 与中国台湾地区的关系

在台湾"金钱外交"的影响下，1979 年图瓦卢同台湾"建交"。图瓦卢认为台湾是"在太平洋地区历史最悠久的盟友"。台湾向图瓦卢提供了"流动医疗队"等多项援助。

2010 年 3 月，马英九"访问"了基里巴斯、图瓦卢、瑙鲁三国。3 月 23 日，马英九前往图瓦卢进行"访问"，体验海平面上升对该国的冲击。图瓦卢环境部部长玛塔欧认为，哥本哈根协议没有签成，图瓦卢非常遗憾，"全球气候变化对我们来说是一种慢性恐怖主义"。马英九感谢 2009 年台湾"八八风灾"时图瓦卢给予的捐赠。2009 年，台湾遭受金融风暴冲击，对图瓦卢的援助仍有近 500 万美元。马英九在图瓦卢停留四个半小时，造访了一所小学，考察了图瓦卢受海平面上升影响的民宅环境，视察了台湾、图瓦卢合资渔船代训区等地。①

2013 年 3 月，图瓦卢在台北设立"大使馆"。

三 中国与图瓦卢具有对话的可能

中国与图瓦卢同为某些国际组织的成员，中国理解太平洋岛国在环境保护方面的诉求，愿意与岛国全面加强绿色发展合作，共同提高应对和适应气候变化的能力。中国与其他太平洋岛国的合作，会为中图双方的合作交流奠定坚实的基础。

图瓦卢是南太旅游组织、太平洋岛国论坛等地区组织的成

---

① 2010 年 3 月 21～27 日，马英九"出访"南太平洋地区 6 个国家，全程约 7 天 6 夜。全团含媒体约 90 人。因为图瓦卢机场太小，马英九只能乘坐小飞机前往图瓦卢。

员国。2004 年 4 月，中国以国家会员身份正式加入南太旅游组织。中国是南太旅游组织的国家会员，中国国家旅游局旅游促进与国际联络司原司长刘克智担任南太旅游组织旅游部长理事会下属董事会董事。1988 年，第 19 届南太平洋论坛首脑会议决定与中国建立伙伴对话关系。从 1990 年起，中国连续派政府代表出席论坛会后对话会。论坛于 2002 年 9 月正式在华设立贸易代表处。2013 年 4 月，贸易代表大卫·莫里斯抵京上任。

中国 – 太平洋岛国经济发展合作论坛是两国增加信任与了解的平台。中国 – 太平洋岛国经济发展合作论坛以促进中国和太平洋岛国地区经贸交流与合作、实现共同发展为宗旨，原则上每 4 年举办一次，在太平洋岛国地区和中国轮流召开，成员由中国和太平洋岛国地区各国组成，是一种以经济合作发展为主题的论坛。首届中国 – 太平洋岛国经济发展合作论坛于 2006 年 4 月在斐济楠迪召开。

为进一步推动中国和太平洋岛国在贸易、投资、旅游、农渔业、运输、金融、人力资源开发等领域的交流与合作，中国 – 太平洋岛国经济发展合作论坛投资、贸易、旅游部长级会议于 2008 年 9 月在厦门举行。本次论坛举办了中国 – 太平洋岛国经贸、旅游合作图片展、太平洋岛国投资环境政策说明会暨投资项目洽谈、中国 – 太平洋岛国旅游合作研讨会及太平洋岛国产品展暨贸易洽谈等系列活动，为来自中国和太平洋岛国地区各国的政府官员、企业家以及有关地区组织的代表共商合作与发展大计提供一个良好的交流平台。2013 年 11 月，第二届中国 – 太平洋岛国经济发展合作论坛在广州举行，国务院副总理汪洋出席并发表题为《让"中 – 太"友好合作之舟破浪前行》的主旨演讲。汪洋强调，与太平洋岛国发展友好合作关系，是中国外交工作的一项长期战略方针。中国与太平洋岛国的合作是平等的、真诚的、务实的。汪洋宣布中方进一步支持太平洋岛国经济社会发展的一系列措施，主要包括：支持岛国重大项目建设，向建交的岛国提供共计10亿美元优惠性质的贷款；设立10亿美元专项贷款，用于岛国基础设施建设；支持岛国开发人力资源，今后4年为岛国提供2000个奖学金名额，帮助培训一批专业技术人员；支持岛国发展医疗卫生事业，继续为岛国援建医疗设施，派遣医疗队，提供医疗器械和药品；支持岛国发展农业生产，加强农林产品加工与贸易合作，办好示范农场等合作项目；支持岛国保护环境和防灾减灾，为岛国援建一批小水电、太阳能、沼气等绿色能源项目。

中国在环境保护方面的承诺或许成为两国关系的突破点。汪洋强调，应对气候变化、拯救地球家园，是全人类的共同挑战，也是太平洋岛国的重大关切。中方理解各岛国的特殊处境和诉求，愿意与岛国全面加强绿色发展合作，共同提高应对和适应气候变化的能力。2015年9月，中国－太平洋岛国论坛对话会特使杜起文代表中国政府出席在巴布亚新几内亚首都莫尔兹比港举行的第27届太平洋岛国论坛会后对话会。杜起文特使在发言时阐述了中方在气候变化、渔业、信息通信技术互联互通等问题上的立场，重点介绍了中国政府为应对气候变化所做的巨大努力和取得的成果。杜特使表示中方理解太平洋岛国在应对气候变化方面面临的特殊困难和挑战，愿在气候变化国际谈判中同岛国加强对话，并继续帮助岛国提升应对气候变化的能力。杜特使还介绍了中国对太平洋岛国的政策，表示中方愿继续支持岛国实现经济社会发展。中国连续两年派出特使参加由斐济发起的中国－太平洋岛国发展论坛，显示中国对太平洋岛国积极应对气候变化、实现可持续发展的支持，同时也显示了中国对区域合作的高度重视。

第七节　与其他国家的关系

一　与新西兰的关系

新西兰与图瓦卢保持着紧密的联系。新西兰是图瓦卢信托基金三个创始捐赠国家之一，并继续为图瓦卢提供援助。目前，新西兰是图瓦卢的主要捐助者和技术援助国家。新西兰政府对 2011 年图瓦卢干旱造成的淡水危机提供了援助，向图瓦卢提供了临时的海水淡化厂，派遣技术人员修复了图瓦卢现有海水淡化厂。新西兰派往图瓦卢的高级专员史密斯（Gareth Smith）说："我们要确保多提供一点支持，让图瓦卢不要再回到这个状态了，所以我们要解决图瓦卢基本用水问题，供应更多的水满足当地居民饮用。"①

根据 2001 年新西兰政府发布的公告，新西兰每年向图瓦卢提供 75 个太平洋访问类别（PAC）的年度配额，授予工作许可证。申请人需要注册太平洋访问类别，前提是申请人必须有一个由新西兰雇主提供的工作机会。按照新西兰 2007 年出台的工作政策，图瓦卢人也有机会在新西兰从事季节性就业（RSE），前提是获得新

---

① Critical water shortage in Tuvalu eases, but more rationing needed, 2011 – 10 – 11, http://www. radionz. co. nz/international/pacific-news/200159/critical-water-shortage-in-tuvalu-eases, -but-more-rationing-needed.

西兰园艺和葡萄种植业雇主的认可。这项政策可以为图瓦卢和其他太平洋岛屿国家提供 5000 个就业机会。

二　与英国的关系

1. 与英联邦的关系

图瓦卢是英联邦成员国。2000 年 9 月 1 日，图瓦卢成为英联邦的正式成员国。自 1978 年独立，图瓦卢一直是英联邦的一个特殊成员，在成为正式成员国之前，图瓦卢没有任何投票权。

英联邦的历史可以追溯到 20 世纪中叶，它正式成立于 1949年《伦敦宣言》的签署，确立了各成员国间"自由和平等"的原则。英国女王是英联邦 16 个成员国的国家元首，其余成员国拥有自己的国家元首。在英联邦中，32 个成员国为共和国。英联邦成员国之间没有法律义务。它们是由语言、历史、文化作为纽带联系在一起的。这些观念载于英联邦宪章，通过四年一届的英联邦运动会得以推广和提升。2014 年，英联邦占地超过 29958050 平方公里，几乎占世界陆地面积的 1/4 且跨越所有大陆。人口估计23.28 亿人，接近世界人口的 1/3。2014 年国内生产总值为10.450 万亿美元，占世界 GDP 总额的 17%。

2. 与英国的关系

图瓦卢在英国没有外交代表处，位于伦敦的图瓦卢驻地（Tuvalu House）扮演着领事馆的角色。英国对图瓦卢的福利持续关注，英国与新西兰、澳大利亚是图瓦卢信托基金三个创始捐赠国。图瓦卢与英国虽然距离遥远，但是二者保持了深厚持久的关系。图瓦卢是英联邦成员国，英国与图瓦卢的关系始于 18 世纪，英国的文化对图瓦卢的文化产生了深远的影响。2012 年 9 月，英

国威廉王子及凯特王妃访问图瓦卢，加之英国对图瓦卢的持续经济援助，二者关系越发紧密。

图瓦卢自 1978 年独立以来一直是英联邦的成员国，英国女王是图瓦卢的最高国家元首，通过总督代为行使职权。图瓦卢驻地位于英国伦敦西南部，也是图瓦卢政府海外办事机构。虽然图瓦卢与英国国际贸易额有限，经济贸易往来较少，且两国相距也非常遥远，但图瓦卢每年都会更新对英贸易资料，以便保持与英国商务部、英国商会的联系，图方期望进一步加强与英国的业务关系。

尽管图瓦卢与英国的关系总体是和平的，但是两国之间的外交关系还是存在一些困扰。两国紧张关系可以追溯到殖民地时代。图瓦卢曾是英国吉尔伯特和埃利斯群岛殖民地的一部分。吉尔伯特群岛现在属于基里巴斯，岛上居民属于密克罗尼西亚人，图瓦卢群岛上的居民大部分属于波利尼西亚人。1975 年，图瓦卢要求从吉尔伯特和埃利斯群岛殖民地分离。1978 年 10 月，图瓦卢正式独立。图瓦卢第四任政府总理拉塔西 1996 年 1 月设计的国旗把英国国旗标志从图瓦卢国旗中去除了，这种象征性的标志消失暗示了图瓦卢与英国殖民时期的关系渐行渐远。但是，随后不久，议会对拉塔西投了不信任票，他失去了总理职位。继任者佩纽重新推出了含有英国国旗图案的 9 星标志国旗。图瓦卢议会议员提出议案，要求对图瓦卢是应该继续维持君主制还是应成为共和国进行公投。1986 年、2008 年图瓦卢进行两次公投，投票的结果是大部分人同意继续保留英国女王伊丽莎白二世为国家元首。

三 与古巴的关系

古巴和太平洋岛国的关系主要通过古巴共和国和太平洋国家在

政治、外交、经济往来等方面实现的。进入 21 世纪以来，古巴一直加强同太平洋岛国的联系。像某些太平洋岛国一样，图瓦卢是古巴医疗救助的受益者。在多种交流方式中，古巴对太平洋岛国的医疗救助取得的效果最好。2008 年 12 月，首届古巴－太平洋岛国首脑会议举行，参加会议的太平洋成员国有基里巴斯、图瓦卢、瑙鲁、所罗门群岛、斐济、汤加、瓦努阿图、萨摩亚、密克罗尼西亚联邦和巴布亚新几内亚。这次会议对古巴、太平洋岛国来说不仅是一个新的起点，更是一次交流和巩固。① 古巴在大洋洲只有一个大使馆，建于 2007 年 11 月，坐落于新西兰首都惠灵顿，在澳大利亚悉尼设有总领事馆。古巴自 1983 年便同瓦努阿图建立了官方外交关系。2002 年，古巴同瑙鲁建立外交关系，2003 年同所罗门群岛建立外交关系。2009 年，古巴先后同斐济、萨摩亚、汤加正式建立外交关系。古巴通过提供援助维持同其他太平洋国家之间的联系。虽然古巴在惠灵顿设有大使馆，但在哈瓦那没有新西兰大使馆。新西兰驻墨西哥的大使兼领古巴事务。2011 年 4 月，所罗门群岛宣布将在古巴建立一个大使馆。这是太平洋国家首次宣布在古巴建立使馆。

2010 年 11 月，太平洋岛国在基里巴斯塔拉瓦召开了气候变化会议，共有 15 个国家出席，古巴是其中之一。古巴等 12 个国家签署了关于气候变化问题的《安博宣言》(*The Ambo Declaration*)。古巴对太平洋国家实施医疗援助，主要通过两种方式实现：一是继续输送志愿者医生到大洋洲；二是古巴向在古巴学习医学的太平洋岛

---

① "Cuban Foreign Minister Opens Cuba-Pacific Islands Meeting", *Cuban News Agency*, September 16, 2008.

国的学生提供奖学金。

图瓦卢和古巴共和国的关系是在 20 世纪的最后十年发展起来的。[①] 富纳富提和瓦哈那的双边关系必须在古巴对海洋国家地区性政策的框架下审视。

2008 年 9 月，图瓦卢总理阿皮塞·耶雷米亚参加了在哈瓦那举行的首届古巴 – 太平洋岛国部长级会议。他和基里巴斯总统汤安诺（Anote Tong）是最早访问古巴的两位太平洋国家领导人。这次会议旨在加强古巴同太平洋岛国之间的合作，尤其是应对气候变化带来的影响，后者对图瓦卢而言至关重要。[②] 古巴与太平洋岛国在医疗、体育、教育、环境保护等方面达成了一系列共识，古巴承诺对太平洋岛国特别是对图瓦卢提供应对气候变化影响的援助。古巴通讯社报道，阿皮塞·耶雷米亚总理感谢古巴在社会发展和经济上与图瓦卢的合作。

在这次会议上，古巴政府同意提供优秀的医生到图瓦卢进行志愿工作，并且对来古巴求学的图瓦卢学生提供免费医学教育。2008 年 10 月，第一位来自古巴的医生到达图瓦卢。2009 年 2 月，又有两名来自古巴的志愿者医生抵达图瓦卢。2011 年，有四名古巴医生在玛格丽特公主医院工作。[③] 古巴新闻发言人拉缇娜（Prensa Latina）指出，这些医生在图瓦卢开创了一系列新的医疗服务。他们照料了 3496 个病人，挽救了 53 人的生命。医生志愿者为图瓦卢群岛居民提供有关高血压、糖尿病和儿童慢性疾病的专业咨询。志

---

① "Cuban Physicians to Aid 81 Nations", *Prensa Latina*, 29 March, 2008.

② "Cuba-Pacific ministerial meeting underway in Havana", ABC Radio Australia, 17 September, 2008.

③ Motufaga, Dr Silina (2011), "Situational Analysis of Specialist Clinical Services (Tuvalu)", Fiji School of Medicine, Retrieved 16 March, 2013.

愿者先后到图瓦卢的九个环礁、岛屿开展志愿服务，培训当地的医护人员，使他们了解基础的医疗保健知识，学会如何应急处理各种重病患者等。① 2008 年，图瓦卢政府选送 10 名优秀学生到古巴学习医学。2010 年，图瓦卢政府再次选送了 10 名优秀学生到古巴学习。

截至 2013 年，共有 16 名古巴志愿者医生在基里巴斯、图瓦卢提供专业医疗服务。古巴医生极大地改善了当地的医疗服务条件，使儿童死亡率降低了 80%。古巴赢得了太平洋地区民众的信任，在太平洋地区产生了积极影响，所罗门群岛在 2007 年 7 月开始招募古巴医生，巴布亚新几内亚和斐济也招募古巴医生。2008 年，古巴向所罗门群岛、瓦努阿图、图瓦卢、瑙鲁和巴布亚新几内亚派出了医生，同时接受来自瓦努阿图的 17 名医学生在古巴学习。古巴政府提供的 400 个奖学金名额为太平洋岛国地区的年轻学生减轻了经济负担。

2014 年 8 月，古巴代表首次参加了太平洋岛国论坛会后的对话会议。古巴政府太平洋岛国地区全权大使赫雷拉·卡塞拉表示，在诸如海洋和气候变化方面，古巴与太平洋各岛国拥有共同的价值观和利益。近 10 年来，古巴在太平洋岛国医疗救助方面做出了很多贡献。赫雷拉·卡塞拉说："自 2005 年以来，应各岛国请求，古巴派遣了很多医生进行医疗救助。并且，我们还为太平洋岛国来古巴学医的学生设立了奖学金。"古巴一直都在为太平洋岛国提供医疗人员，目前在哈瓦那学习的太平洋岛国学生已达 200 名。

---

① "Cuban doctors have inaugurated a series of new health services in Tuvalu—a small island nation in the Pacific", Prensa Latina, June 14, 2009.

四　与日本的关系

1. 日本对图瓦卢的援助

日本和图瓦卢在 1979 年建立外交关系。日本在资金和技术合作方面向图瓦卢提供了大规模的援助，日本还向图瓦卢捐赠了一艘长 50 米的马努号船（Manu Folau）。2006 年 6 月，日本驻斐济大使和图瓦卢驻斐济的高级专员佩纽（Seve Paeniu）签署了援助合同，该合同主要关于日本向富纳富提环礁进行供水援助，设立海水淡化工厂。这有助于缓解富纳富提环礁长期缺水的形势。这套海水淡化设备日均淡化海水 65 立方米，能够帮助图瓦卢首都快速获取淡水，基本满足日常用水需求。这项援助计划是日本官方发展援助（ODA）计划的一部分。日本政府在水资源、医疗、基础教育、职业训练、农村基础设施改善等方面的工作，进一步加强了图瓦卢政府和日本政府之间的友好关系。

2011 年，图瓦卢面临严重的干旱，为帮助图瓦卢解决饮水问题，日本政府通过日本国际合作机构（Japan International Cooperation Agency，JICA）向图方提供了三套新的海水淡化设备，并提供了设备维修零件，帮助图方修复现有的海水淡化设备。其中一套太阳能海水淡化装置设备，日均淡化海水 10 立方米；两套便携式海水淡化设备，日均淡化海水 20 立方米。此前，在 1999 年和 2006 年，日本已经向图瓦卢提供了海水淡化设备。同时，日本在人类基层安全赠款项目计划（Grant Assistance for Grassroots Human Security Projects）中，为图瓦卢提供了价值 11.5 万美元的海水淡化设备，帮助图瓦卢能源部缓解图瓦卢严重的水资源短缺问题。

截至 2012 年 10 月，在图瓦卢的日本人有 5 人。2012 年图瓦卢与日本之间的贸易往来显示，双方贸易额有所增长。图方从日本进口 8.7 亿日元，出口到日本 20.3 亿日元。2012 年，日方向图瓦卢援助资金 9800 万日元，技术合作金额 1.9 亿日元。截至 2012 年底，日方累计向图方援助资金 8.541 亿日元，技术合作资金达 19.73 亿日元。[①]

2. 与日本－太平洋岛国首脑峰会的关系

日本－太平洋岛国首脑峰会（Japan-SPF Summit Meeting）是日本主办的日本首相和太平洋岛国领导人之间的峰会。首届于 1997 年举办，每三年在日本各个城市举办一次。日本试图通过这个峰会，以经济、技术援助的手段加强与各岛国的联系。

日本－太平洋岛国首脑峰会成员国包括日本、美国（第 6 届起）、澳大利亚、新西兰、斐济、萨摩亚、汤加、巴布亚新几内亚、基里巴斯、瓦努阿图、密克罗尼西亚联邦、所罗门群岛、瑙鲁、图瓦卢、马绍尔群岛、帕劳、库克群岛、纽埃。1997 年，首届日本－太平洋岛国首脑峰会召开时，日本谋求"入常"的意图十分明显。后来，确保金枪鱼、鲣鱼等渔业资源及天然气的持续供应也成为重要课题之一。日本政府希望通过在经济、技术等方面援助太平洋岛国，加强与太平洋岛国的关系。日本外务省一名官员明确表示："举行这种会议非常有意义，因为他们在联合国事务上可以用选票支持日本。"

日本宣布在海啸预警和传染病预防方面为论坛成员提供更多帮助，参与讨论应对自然灾害，如海啸、台风、禽流感等问题。2006

---

① http：//www. fj. emb-japan. go. jp/jointadmin/tuvalu/en/index. html.

年，日本出资 400 亿日元（约合 3.55 亿美元），提供官方发展援助。2009 年，日本答应对太平洋岛国论坛提供人才培训及物资援助，为太平洋岛国培养 2000 名医生和护士，扩大青少年的交流。太平洋岛国为保证日本的金枪鱼需求提供协助。2012 年，日本与太平洋岛国首脑讨论普及太阳能、风能、地热、水能、生物质能等环保能源，提供确保太平洋岛国供电系统稳定的政策和技术。日本首相野田佳彦向与会各国建议创设各国对抗大规模灾害的保险制度。日本在 2015 年前提供 1500 万美元资金，为太平洋岛国安装能迅速提供海啸预警的设备系统。当然，日本的援助附带有强烈的政治目的。除了长远的资源利益，日本更看重这些太平洋国家所拥有的选票。

3. 双方互访与使馆

日本与图瓦卢重要官员互访情况见表 8 – 2 和表 8 – 3。

表 8 – 2　日本重要官员访问图瓦卢一览

时间	人物
2006 年	环境部长小池百合子（Yuriko Koike）访问图瓦卢
2007 年	东京都市长石原慎太郎（Shintaro Ishihara）访问图瓦卢
2008 年	环境部长亚夏一郎（Ichiro Kamoshita）访问图瓦卢
2013 年	环境部长石原伸晃（Nobuteru Ishihara）访问图瓦卢

表 8 – 3　图瓦卢重要官员访问日本一览

1988 年	总理托马西·普阿普阿出访日本
1990 年	总理比肯尼比尤·佩纽出访日本，出席日本天皇登基典礼
1993 年	总理比肯尼比尤·佩纽访问日本
1995 年	总理卡穆塔·拉塔西出访日本

1997 年	总理比肯尼比尤·佩纽出席日本 – 太平洋岛国首脑峰会
2000 年	总理艾奥纳塔纳·艾奥纳塔纳出席第二届日本 – 太平洋岛国首脑峰会，出席日本前首相小渊惠三（Keizo Obuchi）的葬礼
2001 年	总理法伊马拉加·卢卡出访日本
2003 年	总理萨乌法图·索波阿加出访日本
2006 年	总理马蒂亚·托阿法出席第四届日本 – 太平洋岛国首脑峰会
2007 年	总理阿皮塞·耶雷米亚出席第一届亚太水资源论坛（1st Asia-Pacific Water Forum）
2010 年	副总理萨乌法图·索波阿加（Saufatu Sopoanga）出席第一届日本 – 太平洋岛国首脑峰会部长临时会议
2012 年	总理威利·泰拉维出席第六届日本 – 太平洋岛国首脑峰会
2013 年	外交、贸易、旅游、环境劳工部部长菲尼卡索（Taukerina Finikaso）出席第二届日本 – 太平洋岛国首脑峰会部长临时会议

日本在图瓦卢没有大使馆，日本驻斐济大使馆管理对图瓦卢事务。

五　与韩国的关系

近年来，韩国不断加强与南太平洋岛国之间的联系。韩国于1970 年首先与南太平洋地区的斐济建立外交关系，在之后 20 年间，韩国与所有的南太平洋岛国建立了外交关系。图瓦卢通过韩国驻斐济大使馆同韩国保持紧密的联系。2011 年图瓦卢发生干旱，韩国政府第一时间从斐济向图瓦卢资助运送了 6 万瓶饮用水。

2008 年 12 月 14 ~ 16 日，图瓦卢总理阿皮塞·耶雷米亚访问了韩国，韩国外交与通商部部长柳明桓（Yu Myung-hwan）接待了图总理一行。总理阿皮塞·耶雷米亚感谢韩国不断向图瓦卢提供无偿援助。对此，柳明桓表示，韩国将继续向包括图瓦卢在内的太平洋岛国提供援助。他还表示，从 2009 年 1 月 1 日起，对图瓦卢国民采取签证豁免的措施。柳明桓要求图瓦卢政府对韩国在该水域进行金枪鱼捕捞的韩国渔船给予持续关注和支持。耶雷米亚总理介绍了气候变化对图瓦卢所产生的负面影响，并希望韩国政府能够给予关注和援助，来提高图瓦卢适应气候变化的能力。柳明桓表示，他将考虑采取具体措施来有效地支持图瓦卢。①

2011 年 5 月 31 日，首届韩国－太平洋岛国外长论坛在韩国首尔举行。巴布亚新几内亚、斐济、马绍尔群岛、所罗门群岛、瓦努阿图、瑙鲁、图瓦卢、密克罗尼西亚联邦、汤加、帕劳、库克群岛、基里巴斯、纽埃等国外长以及太平洋岛国论坛秘书长参加了论坛。这次会议的重点是关注发展合作、环境保护和气候变化，第一阶段和第二阶段的议程分别是"韩国和太平洋岛国发展合作关系概述，进一步加强合作的意见"以及"加强韩国和太平洋岛国合作解决环境问题和气候变化问题的关系"。韩国向太平洋岛国分享环保的愿景——"绿色增长"。② 这次会议是韩国首次主导的区域内多边外交会议，韩国政府和舆论界对此十分兴奋，认为此举有助于韩国摆脱以美、中、日、俄四大国家为中心的外交。有专家认为，作为一个亚太国家，韩国把兴趣转向南太平洋岛国，与韩国希望扩展地区影响力的外交战略有关，还因为南太平洋海域资源丰富，韩国希望加强与南太平洋岛国的经济合作。韩国时任总统李明

---

① Outcome of Minister Yu's meeting with PM of Tuvalu Apisai Ielemia, http：//www. korea. net/NewsFocus/Policies/view？ articleId = 73843.

② Seoul to host the Korea-Pacific Islands Foreign Minister's Meeting, http：//www. korea. net/Government/Briefing-Room/Press-Releases/view？ articleId = 304.

博亲自向各国外长介绍了韩国发展低碳经济的经验，承诺每年给予南太平洋岛国的援助由 30 万美元提高到 100 万美元，并扩大对南太平洋岛国的人员培训等。同时，韩国已正式向南太平洋岛国表示，希望它们支持韩国申办联合国气候大会。《韩民族新闻》分析说，参加此次会议的南太平洋岛国几乎没有在韩国的外交史上出现过，韩国政府之所以召集他们开会，主要目的是争取南太平洋岛国投票支持韩国申办各种国际会议、在国际问题上支持韩国等。

六　与法国的关系

通过法属波利尼西亚，法国同图瓦卢海岸线相接。法国和图瓦卢保持着紧密的联系，法国重视环境保护，在联合国会议中对图瓦卢保护环境的呼吁给予支持。

在 21 世纪初期，法国是唯一一个在图瓦卢设有正式外交机构的国家。2003 年，法国在图瓦卢设立名誉领事馆，驻地在图瓦卢邮局。该领事馆负责多项法国在图事务，特别是监督法国太平洋文化基金，这个基金主要关注图瓦卢文化、社会和经济发展。2005 年，该基金用于研究图瓦卢可再生资源的花费大约为 5 万欧元。法国对图瓦卢提供了多项援助，1992 年援建了一所学校，1996 年帮助图瓦卢进行空中导航训练，帮助海事培训学院进行电气化改造，1998 年在纳努芒阿岛投资食品生产项目等。

法国的非政府组织阿洛法图瓦卢自 2009 年起便在图瓦卢运行，主要由法国资助。阿洛法图瓦卢的目标是通过进行广泛的研究和文档编制，提升图瓦卢对海洋资源调查、监控和管理的能力，提高当地人对海洋资源科学知识的了解。该组织的官方网站网址为 http：//www. alofatuvalu. tv/。

七 与其他国家的关系

1. 与格鲁吉亚的关系

2011 年，图瓦卢政府总理威利·泰拉维承认阿布哈兹和南奥塞梯独立，阿布哈兹和南奥塞梯此前从格鲁吉亚脱离出来，但格鲁吉亚仍视其为主权领土的一部分。2014 年 3 月 31 日，图瓦卢与格鲁吉亚建立外交关系。图瓦卢外交部部长腓尼卡索与格鲁吉亚签署了一项协议，政府总理埃内尔·索波阿加发表了收回关于承认阿布哈兹和南奥塞梯独立的声明。图瓦卢外交部部长声称，图瓦卢支持格鲁吉亚领土完整，也表示图瓦卢与格鲁吉亚重建外交关系是图瓦卢加强与欧盟关系的重要一步，他认为欧盟是图瓦卢的老朋友。①

2. 与俄罗斯的关系

2011 年 9 月 25 日，俄罗斯外长谢尔盖·拉夫罗夫与图瓦卢总理威利·泰拉维会谈期间，商定两国建立外交关系。双方是在纽约参加第 66 届联合国大会期间举行会晤的。

3. 与基里巴斯的关系

图瓦卢与基里巴斯相邻，同处于赤道和国际日期变更线交界处，过去都是英国统管的殖民地。它们都是群岛国家。图瓦卢人属于波利尼西亚人种，基里巴斯人属于密克罗尼西亚人种，两国民族构成不同，语言不通，生活习俗也不一样。

2012 年 8 月 29 日，图瓦卢和基里巴斯就有关海上边界问题签署了协定，涉及边界位于图瓦卢的纳诺梅阿环礁和纽陶岛。

---

① Tuvalu joins traditional friends by renewing ties with Georgia, http：//www. radionz. co. nz/international/pacific-news/241800/tuvalu-joins-traditional-friends-by-renewing-ties-with-georgia.

大事纪年

1101～1300 年	古老纽陶岛、富纳富提环礁和瓦伊图普环礁上岛民的先人从萨摩亚迁移而来。
1201～1500 年	纳诺梅阿环礁上岛民的祖先从汤加迁移而来。
1401～1700 年	纽陶岛受到汤加军队的多次进攻。
1567 年	阿尔瓦罗·门达尼亚·内拉发现并命名所罗门群岛东部大量岛屿。
1568 年	葡萄牙人率先到达图瓦卢，而后英国、荷兰、法国、美国等国人接踵而来。阿尔瓦罗·门达尼亚·内拉发现了努伊环礁，将其命名为耶稣岛。
1595 年 8 月	阿尔瓦罗·门达尼亚·内拉在横跨太平洋的第二次远航中发现了纽拉基塔岛，将其称为独居的岛。
1764 年	约翰·拜伦在全球航行中穿越了图瓦卢群岛。
1781 年 5 月	西班牙贸易者弗朗西斯科·莫雷莱·德·拉鲁阿穿过了纽陶岛，发现了纳诺梅阿环礁，将其命名为科加尔岛。
1819 年 5 月	美国人佩斯特再次发现了图瓦卢群岛的努库

费陶环礁和富纳富提环礁，并且以英国考文垂议员、丽贝卡号所有者爱德华·埃利斯之名将该地命名为埃利斯群岛。

1820 年　　　　俄国探险家米哈伊尔·拉扎列夫等人访问了努库费陶环礁。

1821 年 11 月　乔治·巴雷特船长发现了努库莱莱环礁，随后又发现了纽拉基塔岛。

1824 年 5 月　　法国航海探险家路易斯·伊西多尔·迪佩雷航行到了纳努芒阿岛。

1825 年 5 月　　荷兰探险家发现了努伊环礁，并且命名了环礁上的两个主要岛屿费诺阿岛和塔普岛。

1841 年　　　　美国探险队在威尔克斯的带领下先后到达富纳富提环礁、努库费陶环礁和瓦伊图普环礁。

1850 年　　　　约翰·奥·伯恩成为第一个在埃利斯群岛定居的欧洲人，他在富纳富提环礁做交易员。

1853 年　　　　种植园主皮斯是最早拜访纳诺梅阿环礁的欧洲人之一。

1861 年　　　　艾莱卡纳将基督教传播到努库莱莱环礁。

1863 年　　　　来自富纳富提环礁、努库莱莱环礁的 300 多名当地居民被贩运到秘鲁钦查群岛做苦力，他们中没有人返回家乡。

1865 年　　　　从萨摩亚来的默雷牧师是第一个来到埃利斯群岛的欧洲传教士，他任命了各个岛上的牧师。大量的图瓦卢人逐渐成为基督教徒。

1874 年　　　　英国占领了斐济，斐济沦为英国的殖民地，

	英国还成立了高级委员会法庭。
1877 年	英国制定了有关太平洋委员会的法令条文。同年，埃利斯群岛归英国设立的西太平洋高级委员会管辖。
1881 年	乔治·维斯布鲁克和麦克·法莱恩在富纳富提环礁加入阿尔弗雷德的公司。
1882 年 2 月 16 日	一场海啸袭击了努伊环礁，给当地居民造成重大损失。
1883 年	一场热带气旋袭击了富纳富提环礁，毁坏了环礁上的所有建筑。
1890 年	罗伯特·路易斯·史蒂文森和他的妻子芬妮·范德格里夫特·奥斯朋等人乘坐珍妮特·尼科尔号汽船来到富纳富提环礁。
1891 年	一场热带气旋袭击了埃利斯群岛。英国宣布埃利斯群岛为其保护地。
1892 年 10 月	埃利斯群岛作为英国保护地，与北部的吉尔伯特群岛一同由英国驻地专员管理，1892 ~ 1916 年，这两个群岛成为英国西太平洋领土的一部分。
1894 年	一场热带气旋袭击了埃利斯群岛。
1896 年	英国伦敦皇家学会组织了前往富纳富提环礁的考察活动。这次考查由查尔斯·达尔文（Charles Darwin）率队，主要研究太平洋上珊瑚礁的结构和分布。
1905 年	伦敦传道会在瓦伊图普环礁建立了莫托福阿

	小学，该小学后来发展为莫托福阿中学。
1913 年	富纳富提环礁建立了埃利斯群岛第一所医院。
1916 年	埃利斯群岛被英国吞并，划入英属吉尔伯特和埃利斯群岛殖民地。
1942 年	美国海军陆战队在富纳富提环礁登陆。美军在富纳富提环礁、纳诺梅阿环礁和努库费陶环礁建立了空军基地，在塔拉瓦战役和马金之战中为美军供应补给。
1943 年	日军飞机多次袭击埃利斯群岛的富纳富提环礁等岛屿。
1945 年	太平洋战争结束后，美军撤离了埃利斯群岛，并拆除了军事设备。
1947 年	吉尔伯特群岛的塔拉瓦成为吉尔伯特和埃利斯群岛殖民地的行政中心。同年，埃利斯群岛瓦伊图普环礁上的居民开始迁移到斐济的一个小岛上。迁往该岛的居民在 2005 年被授予斐济公民荣誉称号。
1956 年	殖民地会议在基里巴斯的马拉凯环礁举行，来自埃利斯群岛各个岛屿的官员和代表参加了会议。在 1962 年前，殖民地会议每两年举行一次。
1964 年	殖民地成立执行委员会，旨在为英国驻地专员提出发展建议。
1965 年	岛屿理事会开始建立，由岛民选出议员，然后议员再选举议长。每个岛的行政官员由政

府任命。

1967 年　　　　吉尔伯特和埃利斯群岛殖民地成立议会，议会由 7 名政府官员和 23 名由岛民选出的议员组成。在 23 名议员中，有 4 名来自埃利斯群岛。

1971 年　　　　一部新宪法在吉尔伯特和埃利斯群岛殖民地生效。根据新宪法，除纽拉基塔岛外，埃利斯群岛中的八个岛屿，每个岛屿选举出一位议会代表。同年，吉尔伯特和埃利斯群岛殖民地实现自治。

1972 年 10 月　富纳富提环礁被旋风贝贝严重破坏。

1974 年　　　　内阁制政府被引入吉尔伯特和埃利斯群岛殖民地。10 月，决定吉尔伯特群岛与埃利斯群岛是否都应该享有自主权的一场自决公投举行。埃利斯群岛居民投票赞成成为单独的英国属地。

1975 年　　　　在塔瓦拉上学的图瓦卢学生转移到了瓦伊图普环礁的莫托福阿中学。同年，在新西兰援助资金的支持下，玛格丽特公主医院建成。

1976 年 1 月 1 日　吉尔伯特和埃利斯群岛殖民地不复存在，埃利斯群岛完全脱离吉尔伯特和埃利斯群岛殖民地，成为君主立宪制国家。

1978 年 3 月 17 日　图瓦卢代表与英国政府在伦敦举行为期五天的会议，双方协议图瓦卢独立后的宪法草案。5 月，图瓦卢获准成立自治政府。10 月 1 日，图瓦卢宣告独立，并颁布新宪法，成为无投票权的英联邦"特别成员"。歌曲《图瓦卢属于上帝》成为图瓦卢国歌。同年，图瓦卢海事培训学院建立。

1979 年	图瓦卢国家足球队参加在斐济举行的南太平洋运动会。同年，图瓦卢同台湾"建交"。图瓦卢与美国签署了友好条约，美国承认富纳富提环礁、努库费陶环礁、努库莱莱环礁、纽拉基塔岛是图瓦卢的组成部分。
1985 年	图瓦卢签署了《拉罗通加条约》，同意在南太平洋建立一个无核区。
1986 年	独立后的图瓦卢对宪法进行了修订，载入了图瓦卢的习俗、传统、价值观等内容。2 月，图瓦卢举行公投，公民反对国家成为共和国。同年，图瓦卢因对法国继续在法属波利尼西亚进行核试验不满而拒绝法国军舰访问图瓦卢。
1987 年	图瓦卢议会颁布《图瓦卢信托基金法案》，该法案为设立图瓦卢信托基金提供了法律框架。6 月 16 日，图瓦卢、澳大利亚、新西兰和英国的代表在苏瓦签署了成立图瓦卢信托基金的协议。
1988 年 6 月	图瓦卢总理普阿普阿随同南太平洋岛国领导人访华，时任中国政府总理李鹏会见了南太平洋岛国领导人。

1989 年	图瓦卢家庭保健协会成立。
1990 年 2 月	旋风"奥法"对瓦伊图普环礁造成重大破坏，约 85% 的住宅、树木和农作物被摧毁。
1990 年 7 月	图瓦卢提出要求英、美两国赔偿二战中因修筑机场对图瓦卢造成的损失。
1992 年 6 月	图瓦卢总理佩纽出席在巴西举行的联合国环发大会，并在会上呼吁采取措施，减少温室气体的排放。
1993 年	图瓦卢成为亚洲开发银行成员国。
1994 年 10 月	澳大利亚向图瓦卢提供了太平洋巡逻艇，主要用于海上监视、渔业巡逻以及搜索、救援任务。
1996 年 1 月	第四届总理卡穆塔·拉塔西对图瓦卢国旗样式做了修改，移除了英国国旗标志，随后议会对拉塔西投了不信任票。
1997 年 3 月	图瓦卢遭遇风灾，中国红十字会向图瓦卢捐款 1 万美元。
1998 年	图瓦卢第一次参加在吉隆坡举行的英联邦运动会，一名举重运动员参加了比赛。
1999 年	富纳富提环礁保育区建立，该保育区是为了保护区域内的海洋和陆地生物多样性。同年，图瓦卢妇女事务部成立，首次制定了《图瓦卢国家妇女政策》。7 月，酋长院信托基金设立。10 月，政府批准了《消除对妇女一切形式歧视公约》。

2000 年	图瓦卢加入联合国，成为联合国第 189 个成员国。9 月 8 日，图瓦卢代表团出席了联合国千年首脑会议。
2001 年 11 月	图瓦卢常驻联合国代表在联大第 56 届会议上发言。图瓦卢常驻联合国使馆在纽约曼哈顿设立。图瓦卢政府宣布由于海平面上升，图瓦卢居民将会撤出该群岛。新西兰同意接收每年配额的撤离者，但是澳大利亚拒绝了图瓦卢政府的请求。
2002 年	图瓦卢声称要控告美国和澳大利亚过量排放二氧化碳。8 月，萨乌法图·索波阿加担任新一届政府总理。同年 9 月 11 日，太平洋岛国论坛驻华贸易代表处在北京正式设立，其宗旨是"为太平洋岛国和中国创造更多机会"，主要工作是促进太平洋岛国与中国之间的贸易、投资和旅游合作。
2003 年	日本出资援建的玛格丽特公主医院投入使用。
2004 年	9 月 24 日，图瓦卢向联合国第 59 届大会提交报告。10 月 13 日，图瓦卢常驻联合国代表向联合国安理会发表声明。
2005 年 9 月 16 日	图瓦卢向联合国第 60 届大会提交会议报告。
2006 年	3 月 3 日，图瓦卢参加了联合国妇女地位高级会议，感谢妇女地位委员会对图瓦卢提供的支持和帮助。3 月 14 日，图瓦卢和马尔代夫建交。5 月 10 日，图瓦卢参加了第十四届

联合国可持续发展委员会会议。图瓦卢的代表提出要建立一种新的资源模式，它有利于遏制贫穷，对于全球的可持续发展也是有利的。6月，图瓦卢参加了联合国高级别会议，审查艾滋病联合计划。6月，图瓦卢参加第二届法国 - 太平洋峰会。8月30日，图瓦卢参加第二届法国 - 大洋洲首脑会议。9月27日，图瓦卢总理阿皮塞·耶雷米亚参加第61届联合国大会。

2007年　　4月17日，图瓦卢参加了联合国特别会议。图瓦卢政府强调环境安全问题，特别是气候变化的影响。9月29日，图瓦卢呼吁污染者为气候变化付费。10月1日，图瓦卢副总理支持改革联合国。在危地马拉举行的国际奥委会会议上，图瓦卢被邀请加入国际奥林匹克大家庭。

2008年　　4月30日，图瓦卢举行宪法公投，人民再次反对图瓦卢成为共和国，决定保留英国女王伊丽莎白二世为国家元首。5月27日，图瓦卢成为国际劳工组织成员国。8月，图瓦卢运动员参加了在中国北京举办的第29届夏季奥林匹克运动会。

2009年　　在哥本哈根举行的联合国气候变化大会上，图瓦卢发挥了积极作用。同年，图瓦卢遭受全球金融危机重创。6月，太平洋岛国议会

代表团集体访华。8 月，太平洋岛国论坛领
导论坛举行，图瓦卢与澳大利亚签署太平洋
伙伴关系协议。

2010 年　　　　图瓦卢参加在中国上海举办的世界博览会。3
月 31 日，图瓦卢与阿联酋建交。

2011 年　　　　图瓦卢与美国签署船舶搭车协议，建立经济
合作关系。9 月 18 日，图瓦卢与阿布哈兹建
立外交关系。9 月 19 日，图瓦卢与南奥塞梯
建立外交关系。

2011 年　　　　11 月图瓦卢成为波利尼西亚领导集团八个创
始成员国之一。11 月 9 日，日本政府帮助图
瓦卢完成广播电台调频 AM 的建设，该电台
开始播音。

2012 年　　　　图瓦卢在伦敦参加夏季奥运会，并派出三名
运动员参加举重和男子、女子 100 米比赛。
同年 9 月 18 日，英国威廉王子与凯特王妃访
问图瓦卢。

2013 年　　　　9 月 5 日，图瓦卢签署《马朱罗宣言》，承诺
在 2020 年 100% 使用可再生能源发电。

2014 年　　　　1 月图瓦卢与阿联酋签署协议，阿方向图瓦
卢提供 300 万美元援助，帮助图瓦卢外岛实
现太阳能发电，减少对燃料的依赖。图瓦卢
发行了中国"福"马纪念银币，该币为图瓦
卢法定货币，由澳大利亚珀斯造币厂铸造。4
月，图瓦卢发行 2014 年美国"白头鹰"高

浮雕银币，这是由图瓦卢政府授权签发的法定货币。7 月 23 日至 8 月 3 日，图瓦卢派出运动员参加了在苏格兰举行的英联邦运动会。8 月 16 日至 28 日，图瓦卢派出运动员参加在中国南京举办的第二届夏季青年奥林匹克运动会。

2015 年	4 月图瓦卢举行议会大选，埃内尔·索波阿加当选第十五届政府总理。9 月，中国－太平洋岛国论坛对话会特使杜起文代表中国政府出席在巴布亚新几内亚首都莫尔兹比港举行的第 27 届太平洋岛国论坛会后对话会。

参考文献

一　中文文献

蔡畅：《图瓦卢"环境难民"研究》，华中师范大学硕士学位论文，2012。

地图出版社编《大洋洲及太平洋岛屿》，商务印书馆，1972。

房龙：《房龙讲述太平洋的传奇》，东方出版社，2005。

韩铁如：《萨摩亚纪行》，上海科学技术出版社，2012。

姜若愚、张国杰主编《中外民族民俗》，中国物资出版社，2004。

联合国消除对妇女歧视委员会：《消除对妇女一切形式歧视公约》，http：//www. unhcr. org/cgi-bin/texis/vtx/refworld/rwmain/opendocpdf. pdf？reldoc = y&docid = 492688272。

廖少康：《南太平洋的区域合作》，《当代亚太》1995 年第 3 期。

刘必权：《世界列国志·大洋洲阿拉伯北非》，川流出版社，1967。

刘勇军、李慧玲：《"环境难民"国家法保护的困境与出路》，《湖南行政学院学报》2013 年第 6 期。

吕桂霞：《斐济》，社会科学文献出版社，2015。

吕学都：《联合国气候变化大会进展及展望》，《世界环境》2009 年第 1 期。

塔依米特：《南太平洋征旅：航海家的冒险乐园》，桂裕芳译，上海书店出版社，1999。

唐纳德·B. 弗里曼：《太平洋史》，王成至译，东方出版中心，2015。

汪诗明、王艳芬：《太平洋英联邦国家：处在现代化的边缘》，四川人民出版社，2005。

吴钟华：《南太不了情》，四川人民出版社，2006。

徐明远：《出使岛国：在南太的风雨岁月》，中国华侨出版社，1995。

徐明远：《南太平洋岛国和地区》，世界知识出版社，2003。

徐明远：《一任三使风雨疾》，新华出版社，2009。

于亮：《气候变化与小岛屿国家：图瓦卢的困境与出路》，《公民与法》2012 年第 8 期。

二　英文文献

Asian Development Bank, *Tuvalu：Maritime Training Project*, September 2011.

At the 57th Session of the Commission on the Status of Women, New York, 4 - 15 March, 2013. Delivered by Hon. Willy Telavi, Permanent Mission of Tuvalu to the United Nations.

Brain J. Parkinson, *Specimen Shell Sources of Tuvalu*, Reported for South Pacific Commission and the Government of Tuvalu, South Pacific

Commission Noumea, new Caledonia, 1984.

Bruce Burson, *Climate Change and Migration South Pacific Perspectives*, Institute of Policy Studies, School of Government Victoria University of Wellington, Printed by Milne Print, 2010.

Government of Tuvalu, *Review of Priority Environment Concerns in Tuvalu*, International Waters Programme, South Pacific Regional Environment Programme, Apia, Samoa, 2002.

Government of Tuvalu, *Tuvalu's National Adaptation Programme of Action*, Funafuti, Tuvalu, 2006.

Government of Tuvalu, *Initial National Communication under the UNFCCC*, Funbafuti, Tuvalu, 1999.

Griffiths, G. M., M. J. Salinger, and I. Leleu, *Trends in Extreme Daily Rainfall Across the South Pacific and Relationship to the South Pacific Convergence Zone*, 2003.

Hunter, J. R. *A Note on Relative Sea Level Change at Funafuti*, Tuvalu. Antarctic Cooperative, 2002.

Implementation in Asia and the Pacific of the Brussels Programme of Action for the Least Developed Countries for the Decade 2001 – 2010: progress made, obstacles encountered and the way forward.

John Connell, Environmental Change, Economic Development and Emigration in Tuvalu, University of Sydney, *Pacific Studies*, Vol. 22, No. 1, 1999.

Pacific Adaptation to Climate Change Tuvalu, Report of in-Country Consultations, Punishment of the innocent: The Problem of Globe Warming with Special Reference to Tuvalu.

Sustainable Development, Statement Presented by Permanent Representative and Ambassador H. E Aunese Makoi Simatiat, United Nations Second Committee of the 68th GA, , 4 th November, 2013, New York.

Tuvalu Trust Fund, *20th Anniversary Profile 1987 – 2007*, Tuvalu Trust Fund Board, Vaiaku, Funafuti.

三 相关网站

http：//www. pacificcommunityventures. org/.

http：//www. tuvaluislands. com/.

http：//alofatuvalu. tv/.

http：//tuvalu. southpacific. org/.

http：//www. state. gov/.

http：//www. un. org/zh/index. html.

http：//cpicforum. mofcom. gov. cn/.

索　引

新版《列国志》总书目

非洲

阿尔及利亚

埃及

埃塞俄比亚

安哥拉

贝宁

博茨瓦纳

布基纳法索

布隆迪

赤道几内亚

多哥

厄立特里亚

佛得角

冈比亚

刚果

刚果民主共和国

吉布提

几内亚

几内亚比绍

加纳

加蓬

津巴布韦

喀麦隆

科摩罗

科特迪瓦

肯尼亚

莱索托

利比里亚

利比亚

卢旺达

马达加斯加

马拉维

马里

毛里求斯

毛里塔尼亚

摩洛哥

莫桑比克

纳米比亚

南非

南苏丹

尼日尔

尼日利亚

塞拉利昂

塞内加尔

塞舌尔

圣多美和普林西比

斯威士兰

苏丹

索马里

坦桑尼亚

突尼斯

乌干达

赞比亚

乍得

中非

欧洲

阿尔巴尼亚

爱尔兰

爱沙尼亚

安道尔

奥地利

白俄罗斯

保加利亚

北马其顿

比利时

冰岛

波兰

波斯尼亚和黑塞哥维那

丹麦

德国

俄罗斯

法国

梵蒂冈

芬兰

荷兰

黑山

捷克

克罗地亚

拉脱维亚

立陶宛

列支敦士登

卢森堡

罗马尼亚

马耳他

摩尔多瓦

摩纳哥

挪威

葡萄牙

瑞典

瑞士

塞尔维亚

塞浦路斯

圣马力诺

斯洛伐克

斯洛文尼亚

乌克兰

西班牙

希腊

匈牙利

意大利

英国

美洲

阿根廷

安提瓜和巴布达

巴巴多斯

巴哈马

巴拉圭

巴拿马

巴西

秘鲁

玻利维亚

伯利兹

多米尼加

多米尼克

厄瓜多尔

哥伦比亚

哥斯达黎加

格林纳达

古巴

圭亚那

海地

洪都拉斯

加拿大

美国

墨西哥

尼加拉瓜

萨尔瓦多

圣基茨和尼维斯

圣卢西亚

圣文森特和格林纳丁斯

苏里南

特立尼达和多巴哥

危地马拉

委内瑞拉

乌拉圭

牙买加

智利

大洋洲

澳大利亚

巴布亚新几内亚

斐济

基里巴斯

库克群岛

马绍尔群岛

密克罗尼西亚

瑙鲁

纽埃

帕劳

萨摩亚

所罗门群岛

汤加

图瓦卢

瓦努阿图

新西兰

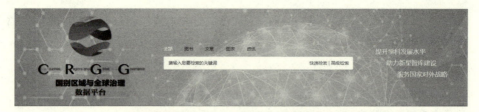

国别区域与全球治理数据平台

www.crggcn.com

　　"国别区域与全球治理数据平台"（Countries，Regions and Global Governance，CRGG）是社会科学文献出版社重点打造的学术型数字产品，对接国别区域这一重点新兴学科，围绕国别研究、区域研究、国际组织、全球智库等领域，全方位整合基础信息、一手资料、科研成果，文献量达30余万篇。该产品已建设成为国别区域与全球治理数据资源与研究成果整合发布平台，可提供包括资源获取、科研技术服务、成果发布与传播等在内的多层次、全方位的学术服务。

　　从国别区域和全球治理研究角度出发，"国别区域与全球治理数据平台"下设国别研究数据库、区域研究数据库、国际组织数据库、全球智库数据库、学术专题数据库和学术资讯数据库6大数据库。在资源类型方面，除专题图书、智库报告和学术论文外，平台还包括数据图表、档案文件和学术资讯。在文献检索方面，平台支持全文检索、高级检索，并可按照相关度和出版时间进行排序。

　　"国别区域与全球治理数据平台"应用广泛。针对高校及国别区域科研机构，平台可提供专业的知识服务，通过丰富的研究参考资料和学术服务推动国别区域研究的学科建设与发展，提升智库学术科研及政策建言能力；针对政府及外事机构，平台可提供资政参考，为相关国际事务决策提供理论依据与资讯支持，切实服务国家对外战略。

数据库体验卡服务指南

※100元数据库体验卡，可在"国别区域与全球治理数据平台"充值和使用

充值卡使用说明：
第1步 刮开附赠充值卡的涂层；
第2步 登录国别区域与全球治理数据平台（www.crggcn.com），注册账号；
第3步 登录并进入"会员中心"→"在线充值"→"充值卡充值"，充值成功后即可使用。

声明

最终解释权归社会科学文献出版社所有

客服QQ：671079496
客服邮箱：crgg@ssap.cn

欢迎登录社会科学文献出版社官网（www.ssap.com.cn）和国别区域与全球治理数据平台（www.crggcn.com）了解更多信息

图书在版编目（CIP）数据

图瓦卢/赵少峰编著.—北京：社会科学文献出版社，2016.3
（2022.3 重印）
（列国志：新版）
ISBN 978 - 7 - 5097 - 8816 - 5

Ⅰ.①图… Ⅱ.①赵… Ⅲ.①图瓦卢 - 概况 Ⅳ.①K964.6
中国版本图书馆 CIP 数据核字（2016）第 043037 号

·列国志（新版）·

图瓦卢（Tuvalu）

编　　著／赵少峰

出 版 人／王利民
项目统筹／张晓莉
责任编辑／叶　娟
责任印制／王京美

出　　版／社会科学文献出版社·国别区域分社（010）59367078
　　　　　　地址：北京市北三环中路甲29号院华龙大厦　邮编：100029
　　　　　　网址：www.ssap.com.cn
发　　行／社会科学文献出版社（010）59367028
印　　装／唐山玺诚印务有限公司

规　　格／开本：787mm × 1092mm　1/16
　　　　　　印张：18　插页：1　字数：214千字
版　　次／2016年3月第1版　2022年3月第3次印刷
书　　号／ISBN 978 - 7 - 5097 - 8816 - 5
定　　价／59.00元

读者服务电话：4008918866